Scratch 2 创新之旅

（基础篇）

主　编　李　陆

副主编　王振宏　张泉城

山东大学出版社

《Scratch 2 创新之旅(基础篇)》
编委会

前言

党的十九大报告提出，要推动互联网、大数据、人工智能和实体经济深度融合。2017 年，国务院正式出台的《新一代人工智能发展规划》更是明确提出，要完善人工智能的教育体系，建设人工智能学科，在中小学阶段设置人工智能相关课程。而编程是人工智能时代的通用语言，编程能力也被定义为新的“读写能力”。编程是一种新型的文学，是下一个时代的英语。学会编程，学生可将计算思维(Computational Thinking)融汇到各个学科中，达到“1+1>2”的效果。

在计算的重要性和强度与日俱增的信息时代，人类正经历着第三次认知革命，即信息技术(IT)革命。计算思维对于当前基础教育阶段的孩子而言，是一种观察和理解周边世界的全新视角，是一种利用计算的过程和方法来理解和解决问题的全新能力，也是他们应对未来竞争与挑战的必备技能。计算思维的培养主要是对人的思维完整性和逻辑性进行训练。在此过程中，可以建立一种看待和处理问题的新方式。随着信息革命和智能化深入到每个领域，具备计算思维、利用计算的过程和方法来理解和解决专业领域的问题，已毫无疑问成了现今社会人人必须具备的能力。

近年来，随着云计算、物联网、大数据挖掘、人工智能等技术在众多行业中展现出的计算优势和变革力量，关于计算思维培养的研究与实践在世界各地持续升温，且落脚点由早期的高等教育领域开始向基础教育阶段转移。

在基础教育阶段，有效培养计算思维的工具，必须具备低门槛和高上限两个特征，即：一方面，易于初学者入门；另一方面，良好的拓展性又能很好地支持高阶能力发展。潍坊市选用可视化编程语言 Scratch 和基于 Web 的创作平台作为计算思维培养的课程工具。它们满足“低地板、高天花板”的原则，很好地突破了传统计算思维培养的技术瓶颈，能将计算思维培养模式贯彻落实。

现在全球有 20 多个国家将编程纳入基础教育体系。美国政府宣布投资 40 亿美元开展编程教育，鼓励孩子学习编程；欧洲 16 国将编程纳入教学体系；2012 年，日本在中小学普及编程；2014 年，英国将编程纳入 5～16 岁中小学生必修科目；2017 年，新加坡在中小学普通教育证书水平考试中加入编程考试。

2017 年，潍坊提出在全市中小学开展编程教育，并组织编写潍坊市编程教育校本教材《Scratch 2.0 创新之旅（基础篇）》和《Scratch 2.0 创新之旅（进阶篇）》，结合现行信息技术教材配套使用。该套教材由骨干教师编写，适合编程入门使用，富有地方特色，对于推进本市中小学编程教学的普及具有重要意义。

教材的使用说明：

一、本教材的性质

这是一本适合在小学普及编程思维的实验教材。学习编程不一定都要成为程序员，编程教育的主要目的是培养学生的编程思维。它能够帮助学生厘清逻辑过程、理解问题，从而可以高效地解决问题。本教材以程序结构和项目推进为主线，对于拓展小学生的编程能力，激发想象力，提高综合能力有独特的优势。

二、本教材的体系结构

本教材以课为单位、以程序设计流程为基础构建体系结构，循序渐进，让学生在项目设计中理解程序结构，从项目分析、思维导图、流程图、设计角色场景、编写脚本等方面理解编程过程。

三、本教材的内容设置

本教材从小学生的认知规律和知识水平出发，突出趣味性、基础性、创新性，结合程序设计的特点，为每课设计如下过程：

【本课学习要点】 使用简明扼要的语言叙述学习内容，明确程序目的。

【课程内容】 根据每个项目的特点，从程序分析、实现流程、设计角色场景、编写脚本、改进脚本、拓展思维等方面循序渐进地实现目标。

四、本教材的创新之处

本教材的创新之一是将“学生为主体，教师为主导”的教学理念和教学模式设计在每课中，将教法与学法整合于教材中。

本教材的创新之二是打破了传统的作业模式。实践拓展内容不设统一要求，只提出设想，每个学生都需要自主设计创意。

本教材的创新之三是每课的项目设计科学、详细，并有针对性，使用该教材既能发挥教师的主导作用，又为学生发挥创意留出充分的时间和空间。

五、本教材的适用范围和要求

本教材适合作为小学编程思维教育课教材使用，也可以作为地方课程或校本课程教材使用。

本教材中的软件对硬件设备的要求很低，学校计算机机房中的计算机即可满足要求。

目　录

序　章　认识 Scratch 2

第 1 课　什么是 Scratch

本课学习要点

1. 了解 Scratch 能做什么。
2. 下载、安装 Adobe AIR 和 Scratch 2。
3. 认识 Scratch 2 界面。

同学们，从现在开始我们要来学习一个有趣的软件，它叫作“Scratch”。欢迎大家进入 Scratch 的精彩世界！使用 Scratch，我们可以轻松地进行创作，表达自己的创意，也可以与他人协作、讨论，进一步激发创作灵感，做出精彩的数字故事、创新应用，还可以制作大家喜欢的互动游戏哦！

1.1　Scratch 的典型应用

Scratch 是由美国麻省理工学院(MIT)媒体实验室设计开发的面向青少年的一种图形化的简易编程工具。构成程序的命令和参数都可以通过积木形式的模块来实现，用鼠标拖动模块到程序编辑区就可以进行编辑了，可以用它来轻松地创建自己的交互式故事、动画、游戏、音乐等，而且它还是免费的。

Scratch 的应用大体上可以分为三类：互动游戏、数字故事、创新应用。本书会列举一些经典游戏和数字故事的例子。

(1)图 1.1 和图 1.2 是经典游戏“打砖块”和“贪吃蛇”。

图 1.1 “打砖块”

图 1.2 “贪吃蛇”

（2）可以用 Scratch 进行数字故事创编，如成语故事（见图 1.3）、英语情景剧等。

（3）创新应用是使用 Scratch 进行一些项目设计，如口算练习（见图 1.4）、数学速算、百科竞赛等，还可以跟 Arduino 结合，制作出互动性更强的作品，如射击游戏（摇杆控制）、打气球（超声波传感器）等。

图 1.3 “成语故事”

图 1.4 “口算练习”

1.2 准备 Scratch 环境

Scratch 有在线版和离线版，为了方便学习，我们使用的是离线版，即使是没有连接网络的计算机，也可以使用。

1.2.1 如何使用在线版

Scratch 的最新版是 Scratch 2，官方在线版的 Scratch 2 版本号为 461.2。

(1)打开 Scratch 官方网站(https://scratch. mit. edu/),如果界面为英文,拖动滚动条至页面底部,从菜单中选择“简体中文”即可(见图 1.5)。

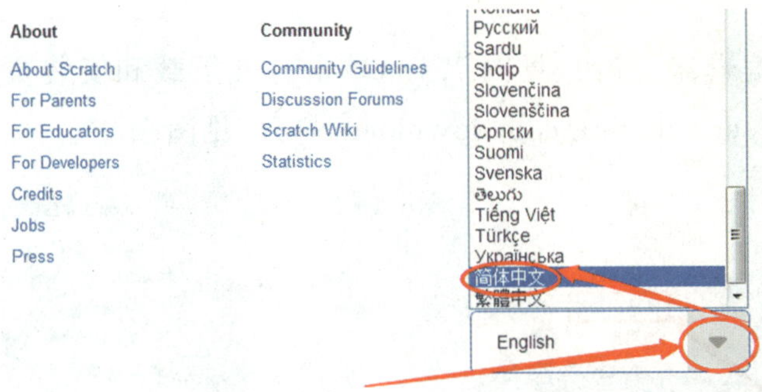

图 1.5 改变官网语言

(2)回到页面顶部,单击“创建”按钮即可打开在线 Scratch 2 编辑器。或者直接在地址栏输入“https://scratch. mit. edu/projects/editor/”打开(见图 1.6)。

图 1.6 在线版界面

1.2.2 下载和安装离线版

Scratch 2 离线版的最新官方版本号为 461。

(1)打开 Scratch 官方网站。

(2)从页面底部找到“离线编辑器”按钮(见图 1.7),单击打开下载和安装页面,或者直接输入网址“https://scratch.mit.edu/download”打开(见图 1.8)。

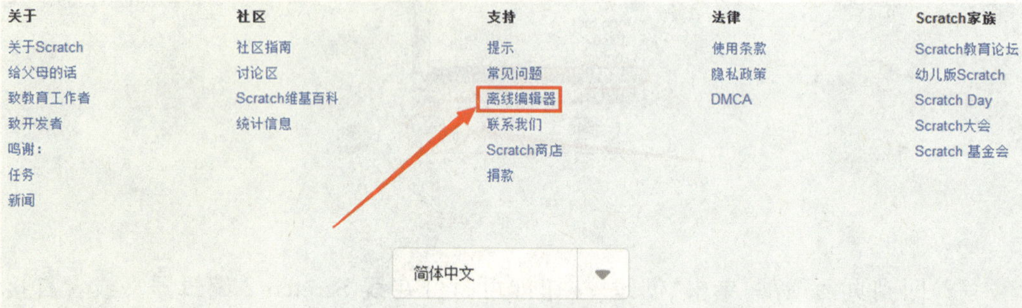

图 1.7 找到“离线编辑器”

图 1.8 下载 Scratch 2.0 离线编辑器

官方网站提供了 2 个版本的 Scratch 2,分别是 Mac、Windows,本教材使用 Windows 版,按照页面提示首先安装 Adobe AIR,然后下载 Scratch 2.0 离线编辑器进行安装。如果你的计算机安装的是 Windows XP 系统,或者无法安装 Scratch 2.0 离线编辑器,可以尝试安装 Scratch 1.4,软件下载地址是:https://scratch.mit.edu/scratch_1.4/。

下载完成后按照提示一步一步安装即可。

安装完成后会在桌面上生成一个快捷方式 ,双击即可启动 Scratch 2。

1.3 Scratch 2 界面

Scratch 2 启动后的界面分割(见图 1.9)及功能如下：

(1)菜单栏：包含文件、编辑操作等菜单。

(2)工具栏：包含几个快捷工具的按钮，依次为复制、删除、放大、缩小、积木说明。

(3)舞台区的控制区域：可以控制舞台的全屏以及影片的开始和停止。

(4)舞台区：是角色表演的地方，会最终呈现编写好的程序。

(5)舞台背景设置区：可以设置舞台的背景图片。

(6)角色列表与设置区：为角色创建区域，也可以对角色进行删除、复制等操作。

(7)指令区标签页。

(8)指令区：有控件区、模块区、积木区等多种叫法，包含十大类指令。

(9)脚本区：也叫“编辑区”，通过改变指令标签，可以对舞台背景或选中的角色编写脚本、编辑造型和设置声音。

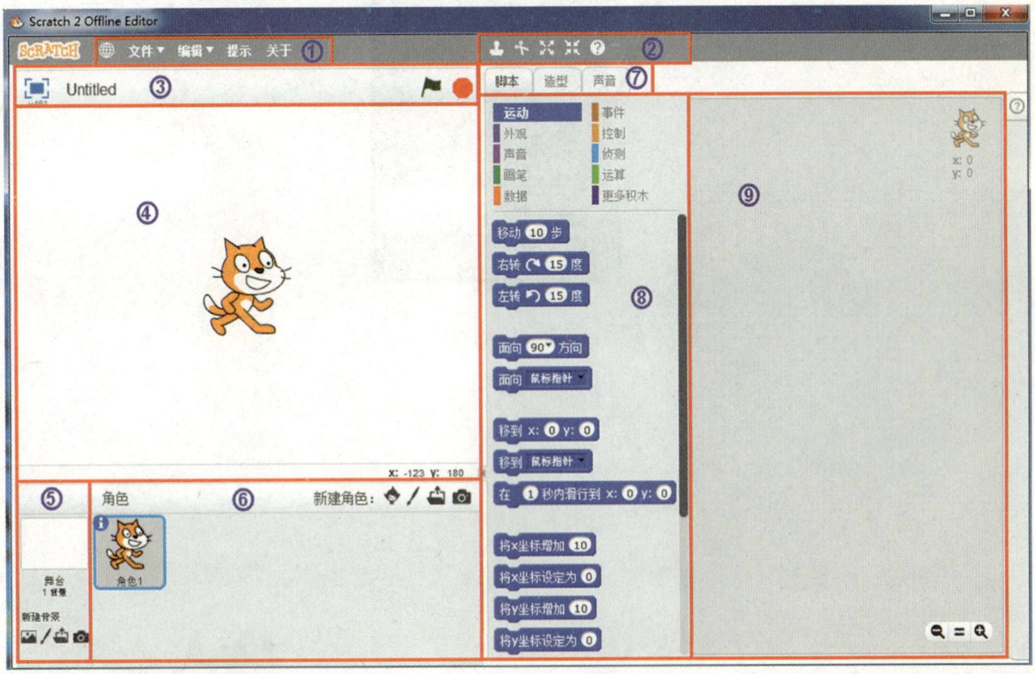

图 1.9 Scratch 2 界面

提示：如果打开 Scratch 2 后，界面为英文，可以通过单击菜单栏前面的图标改变界面的显示语言（见图 1.10）。

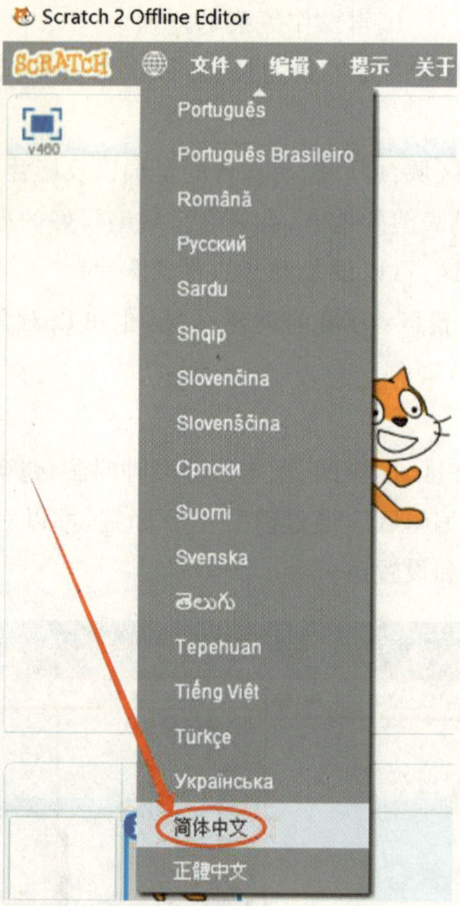

图 1.10 修改软件语言

第 2 课　让小猫动起来

本课学习要点

1. 了解制作一个 Scratch 项目的流程。
2. 掌握思维导图的使用。
3. 了解增加、删除角色和背景的方法。
4. 掌握程序模块拖放和运行的控制方法，体验编程的乐趣。
5. 设计、制作一个“快乐的星期天”项目脚本。
6. 学会保存作品。

“快乐的星期天”情境：星期天，“小猫”先从家出发去图书馆看书 1 小时，然后去体育场运动 1 小时，最后回家。Scratch 界面如图 2.1 所示。整个项目流程不需要我们进行操作，开始运行后会按照预设好的顺序执行完整个流程。

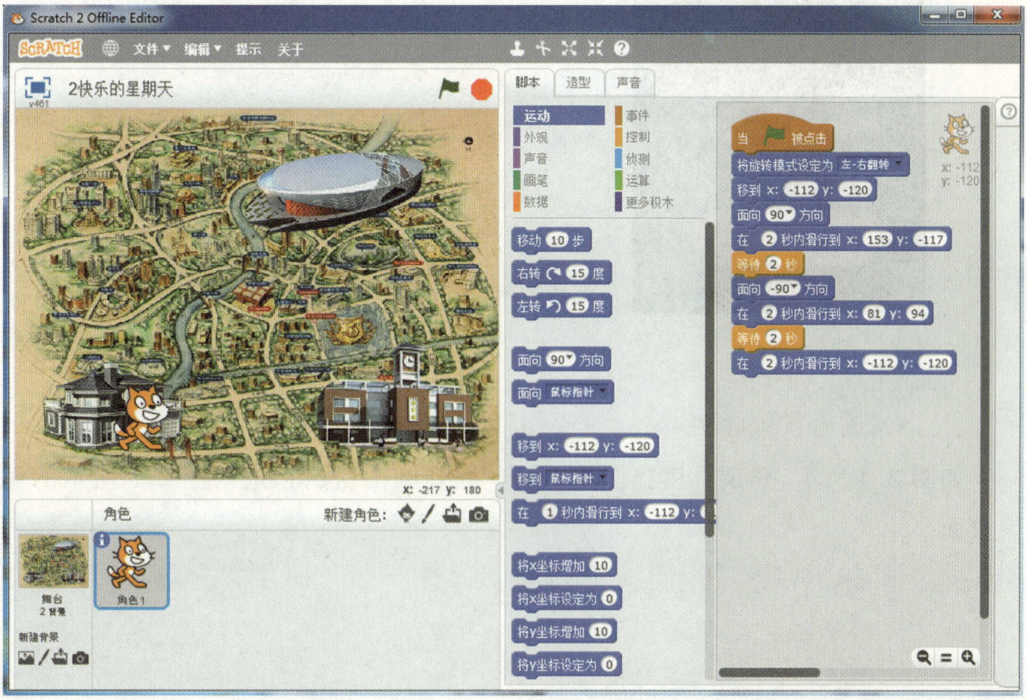

图 2.1　“快乐的星期天”

2.1 思维导图和项目分析

在制作项目时，我们需要先经过认真的思考和分析，再按照计划逐步制作，最后进行调试。在设计项目的整个过程中，工作量分配大致如下：分析约占 50%，制作约占 40%，调试优化约占 10%。

本教材用到的思维导图软件为百度脑图，这是一款免安装、云存储、易分享的在线思维导图制作软件。当然，我们也可以根据需要自行选择其他适用软件。

2.1.1 打开百度脑图

打开百度脑图界面，单击“马上开启”按钮，如图 2.2 所示。

2.1.2 注册百度账号

百度脑图将数据存储在云服务器上，而使用云服务需要用户名和密码，所以，我们需要注册百度账号。注册时需要用到手机号码，如图 2.3 所示。

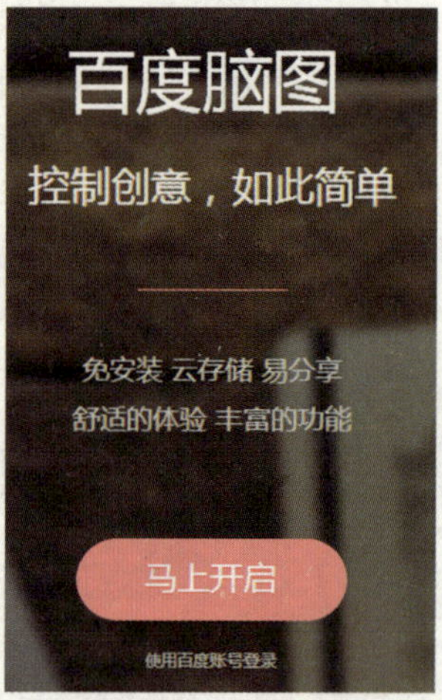

图 2.2 打开百度脑图

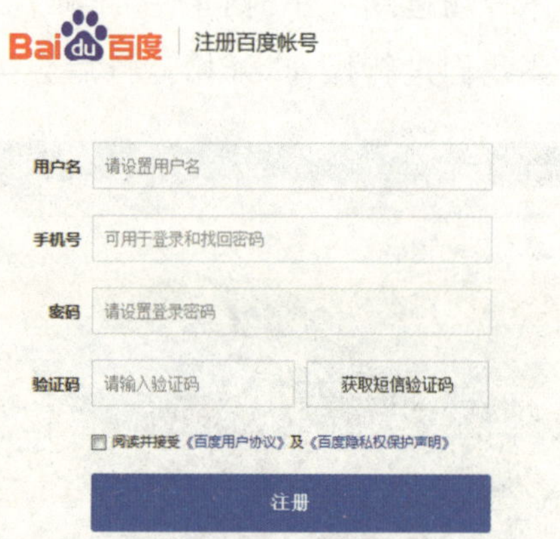

图 2.3 注册百度账号

2.1.3 新建百度脑图

如图 2.4 所示，登录百度脑图后，单击“新建脑图”按钮，进入图 2.5 所示的编辑页面。

图 2.4　新建百度脑图

图 2.5　百度脑图编辑页面

按照思维的逻辑结构，依次加入各级内容，如文字、图片、链接等。层次关系可以随时调节。如果想要做一个漂亮的脑图，可以通过外观进行设置。设计好的脑图将被自动保存在云服务器中。

2.1.4　导出百度脑图

我们在设计脑图时，云服务器会进行实时存储。设计好以后选择图 2.6 中的“百度脑图”菜单，打开如图 2.7 所示的菜单，选择“另存为”分支下的“另存为”选项，可以将脑图保存到本地计算机上；选择“另存为”分支下的“导出”选项，可以将脑图导出为其他格式。图 2.8 所示为支持的导出格式。

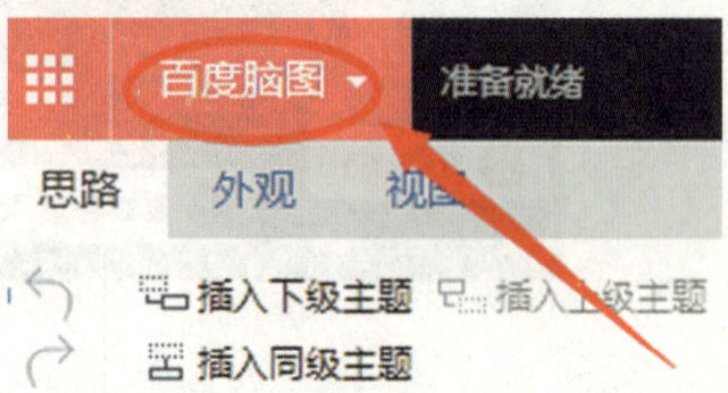

图 2.6　“百度脑图”菜单

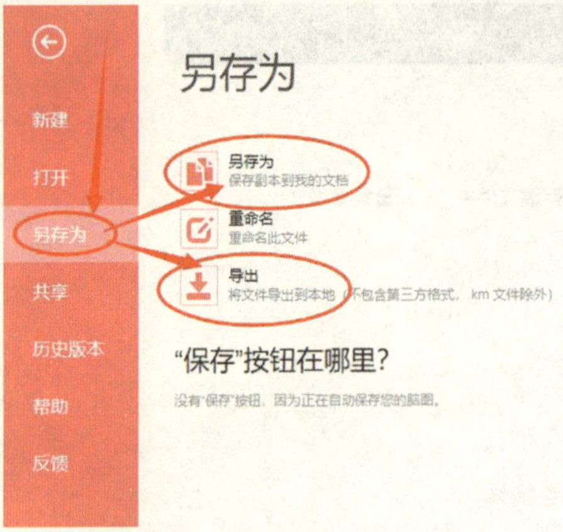

图 2.7 "另存为"分支

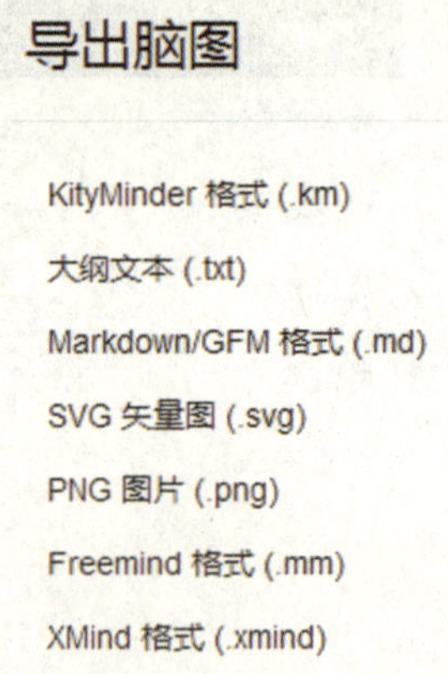

图 2.8 导出格式

在掌握了百度脑图的相关知识后，我们开始分析这个项目。

该项目涉及两个对象：一是舞台背景，小猫走过的地图；二是角色，小猫。当单击舞台上部的"绿旗"时，项目开始运行，小猫首先从左下方的家里出发，走到右下方的图书馆，等待 2 秒（代表 1 小时），然后走到上方的体育馆，等待 2 秒（代表 1 小时），最后回到左下方的家里，项目结束。

思维导图如图 2.9 所示，剧本设计表如表 2.1 所示。

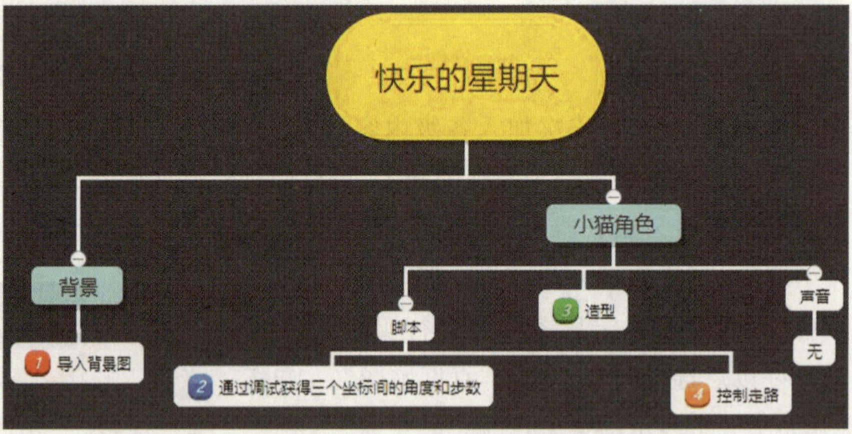

图 2.9 "快乐的星期天"思维导图

表 2.1　　“快乐的星期天”剧本设计表

<table>
<tr><th>角色</th><th>动作剧本</th><th>Scratch 语句模块</th><th>备注</th></tr>
<tr><td>舞台</td><td>无</td><td>无</td><td>舞台为地图，展示“小猫”角色需要走过的位置</td></tr>
<tr><td rowspan="3">小猫</td><td>从家出发到图书馆</td><td>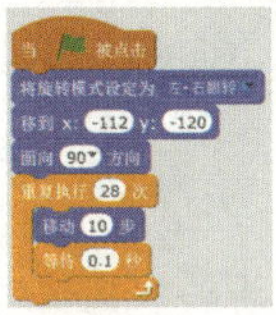
</td><td></td></tr>
<tr><td>从图书馆到体育馆</td><td>
</td><td></td></tr>
<tr><td>从体育馆回家</td><td>
</td><td></td></tr>
</table>

将剧本中的 Scratch 语句模块连接起来就是本项目的脚本了。

2.2　试一试

看了上面的思维导图，是不是有点儿摸不着头脑呢？不用担心，这只是一个例子，我们还没有正式开始学习呢。

建议同学们多看看上面的思维导图，并逐渐养成严谨的思维习惯。

2.2.1　导入背景

图 2.10 是使用百度脑图整理的“新建背景”思维导图。在本项目中，我们用到的是第 3 个小图标——“从本地文件中上传背景”，如图 2.11 所示。

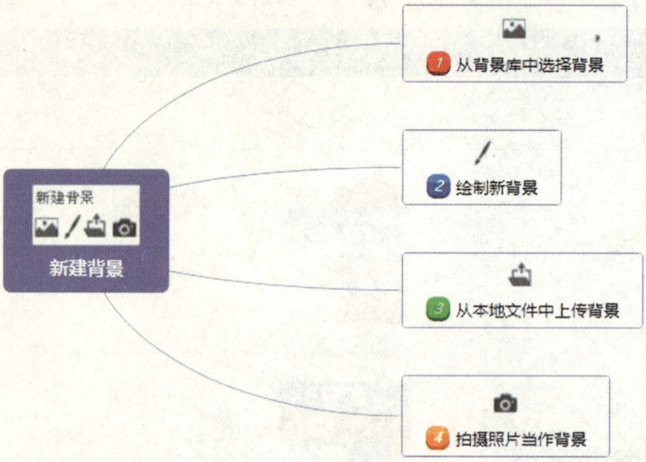

图 2.10 “新建背景”思维导图

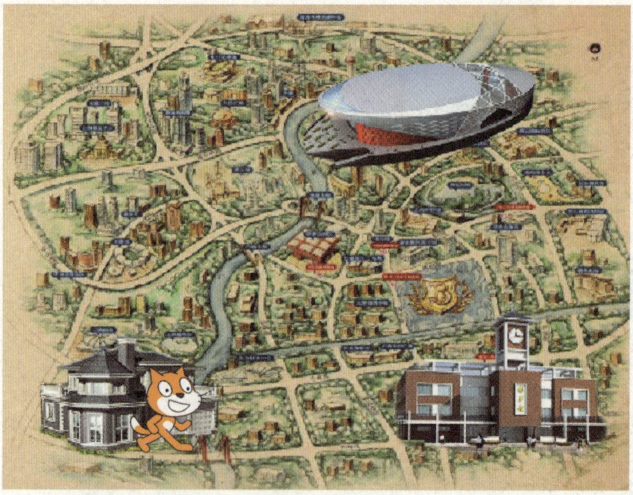

图 2.11 导入背景并调整“小猫”角色的大小

2.2.2 调试动作脚本

动作脚本是针对“小猫”角色的，所以必须先选择“小猫”角色，再开始拖放模块。

首先使用缩放工具将“小猫”角色缩放到合适的大小，然后拖动舞台上的“小猫”角色到家的位置，如图 2.11 所示。设定好“小猫”的初始位置，这样在项目开始运行时不论“小猫”在哪个位置，都要回到初始位置才开始出发。再拖放一个“面向 90°方向”模块，让“小猫”面向图书馆的方向，如图 2.12 所示。

下面就是调试从家出发到图书馆移动的步数了，用到了“移动 10 步”“等待 x 秒”“重复执行 x 次”模块，如图 2.13 所示。用同样的方法再调试从图书馆到体育馆和从体育馆回家的步数，这两处“小猫”的方向也要改变，多调试几次，尽量准确一些。可以使用“等待 2 秒”来表示“小猫”在图书馆和体育馆停留的 1 小时时间。

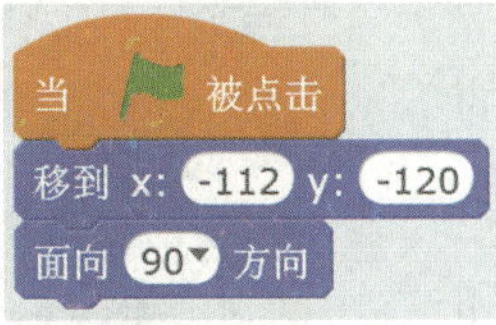

图 2.12 方向模块

图 2.13 移动、等待、重复模块

图 2.14 是方法一脚本。图 2.15 和图 2.16 是另外两个方法脚本，可以运行并对比一下效果，了解一个项目可以由多个途径来完成。图 2.17 为本项目的最终效果图。

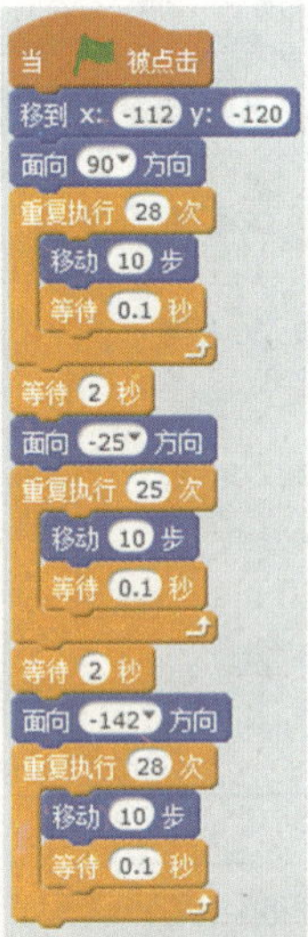

图 2.14 方法一脚本

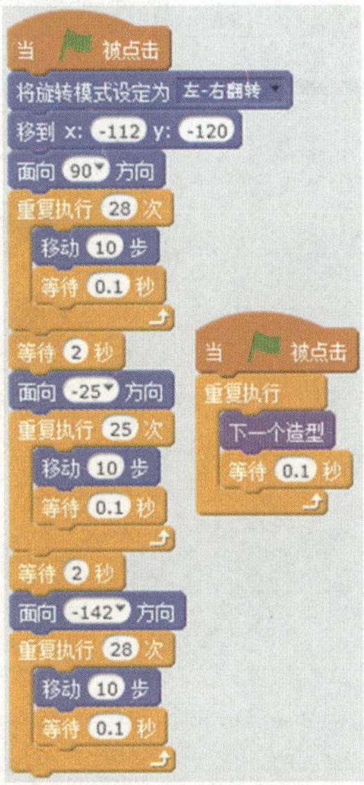

图 2.15 方法二脚本

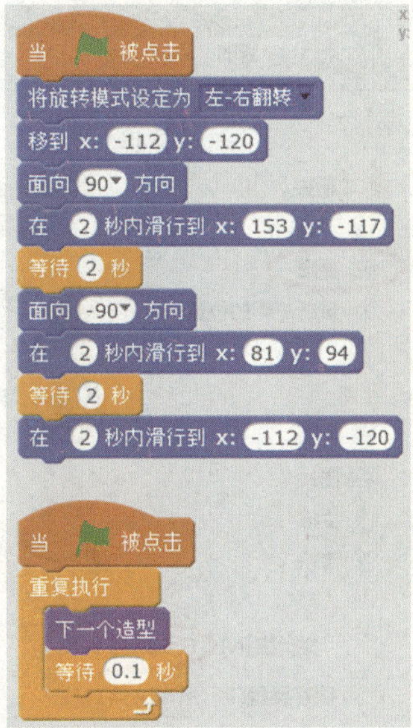

图 2.16 方法三脚本

图 2.17 项目的最终效果图

2.3　保存项目

图 2.18　保存

程序最终调试完成后，保存好项目，设置准确的文件名"快乐的星期天"，这样做有利于以后的查找，同时也是一个非常好的习惯。保存操作如图 2.18 和图 2.19 所示。选择合适的保存位置，以便于集中管理和查找。

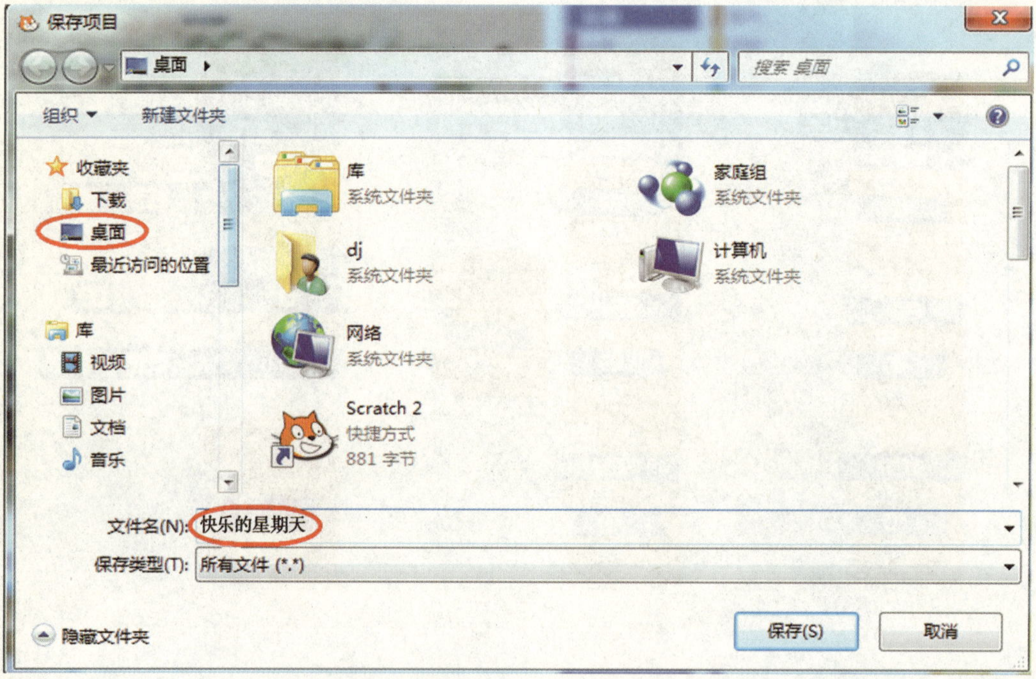

图 2.19　选择保存位置并设置文件名

至此，我们的第一个项目就完成了。从这个项目的制作过程中我们了解了要完成一个项目程序，前期准备工作是十分重要的，也基本上了解了程序的执行是有一定的顺序的，如图 2.20 所示。其实不论什么编程语言，程序流程大体上都分为顺序结构、循环结构、分支结构这三种常见结构。

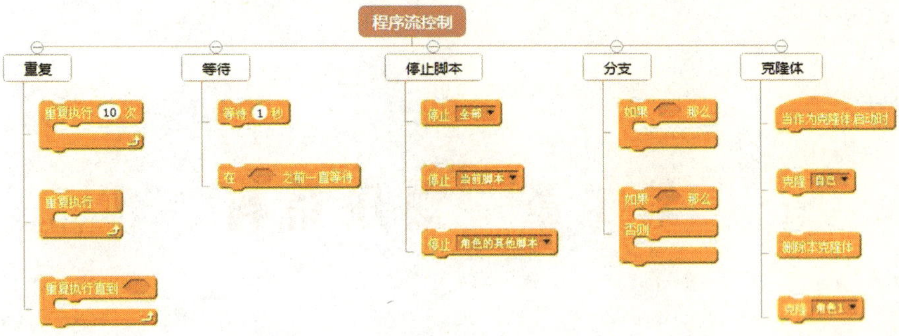

图 2.20 程序流程控制

其实，不论是顺序结构、循环结构，还是分支结构，我们都不能严格地说某一段程序只用某一种结构。应根据任务需要，灵活、科学、恰当地选择程序流程控制结构。一般情况下，在一段程序中，多种流程控制结构是并存的。

本教材就从这 3 种结构并结合各学科来介绍 Scratch 2 的使用。

第 1 章　顺序结构

第 3 课　小狗回家

本课学习要点

1. 理解、掌握顺序结构。
2. 设计、制作顺序结构的小故事“小狗回家”。
3. 掌握外观模块的使用。
4. 掌握造型的切换。
5. 认识 Scratch 中的事件。

如图 3.1 所示，顺序结构是按照从上到下的顺序依次执行的，直到执行完一个程序段的所有模块。本节课我们就来具体地学习一下顺序结构的制作过程。

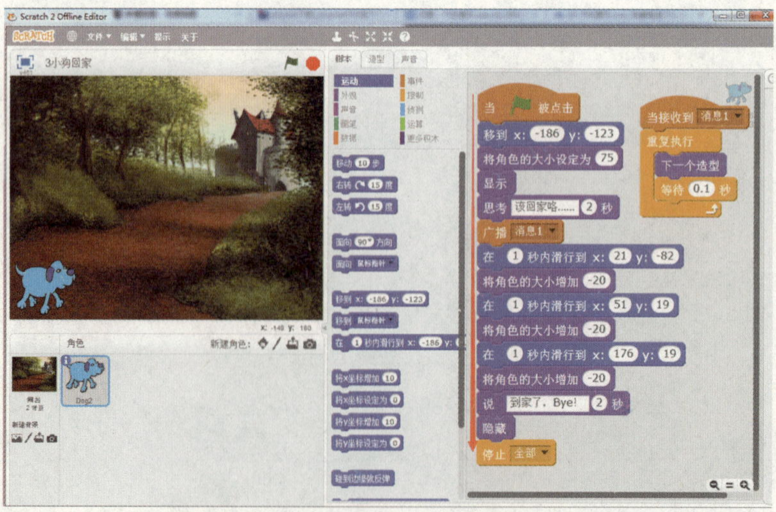

图 3.1　顺序结构的小故事“小狗回家”

3.1 分析剧本

如图 3.2 所示，“小狗回家”采用了折线方式的路线前进，先把“小狗”角色拖放到初始位置①，再移动到位置②，再移动到位置③，最后移动到位置④。我们要记录每个位置的坐标值。同时，每移动到一个新位置要让“小狗”变小一些。思维导图如图 3.3 所示，详细剧本设计表如表 3.1 所示。

图 3.2 “小狗回家”路线规划

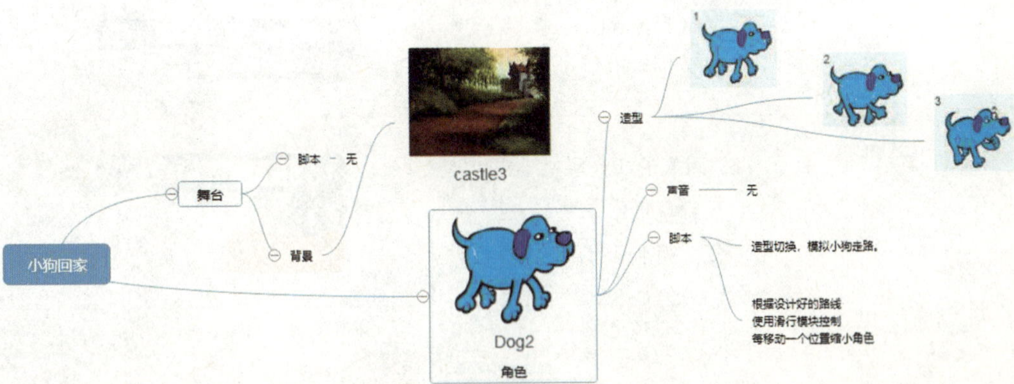

图 3.3 “小狗回家”思维导图

表 3.1　“小狗回家”剧本设计表

角色	剧本设计	Scratch 语句模块
舞台	导入背景	无
小狗	小狗移动到位置① 设置角色大小并显示	移到 x: -186 y: -123 将角色的大小设定为 75 显示
	思考“该回家咯……”	思考 该回家咯...... 2 秒
	切换造型，模拟走路 用到“广播消息”和“循环”模块	当接收到 消息1 重复执行 下一个造型 等待 0.1 秒
	滑行到位置② 角色缩小	在 1 秒内滑行到 x: 21 y: -82 将角色的大小增加 -20
	滑行到位置③ 角色缩小	在 1 秒内滑行到 x: 51 y: 19 将角色的大小增加 -20
	滑行到位置④ 角色缩小	在 1 秒内滑行到 x: 176 y: 19 将角色的大小增加 -20
	说“到家了，Bye!” 隐藏角色 停止脚本运行	说 到家了，Bye! 2 秒 隐藏 停止 全部

3.2　导入背景和角色

3.2.1　导入背景

根据剧本的需要，导入一张背景图，如城堡。

单击“从背景库中选择背景”按钮，打开背景库，找到“castle3”背景，单击选择并确定即可，如图 3.4 所示。

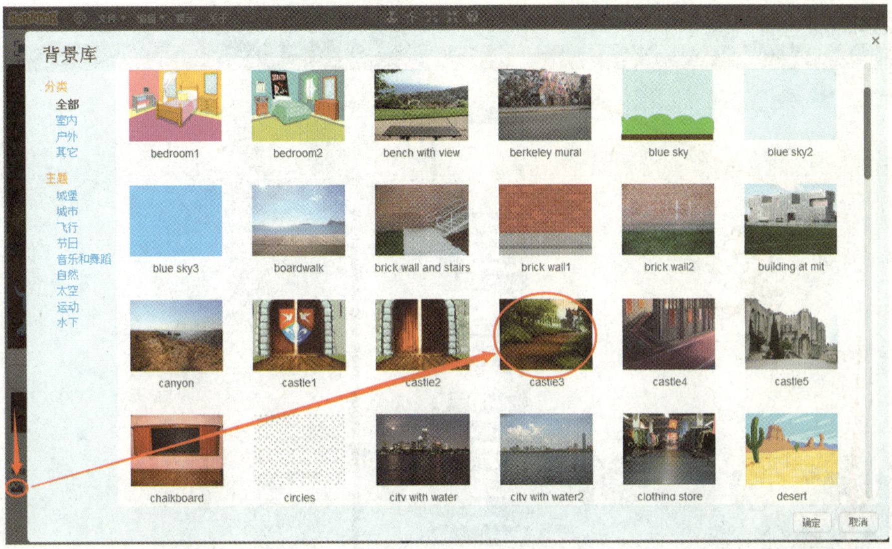

图 3.4 导入背景

3.2.2 导入角色

如图 3.5 所示，单击“从角色库中选取角色”按钮，找到“动物”分类中的“Dog2”角色，确定导入即可。“小狗”角色包含 3 个造型，方便制作模拟走路的动画。

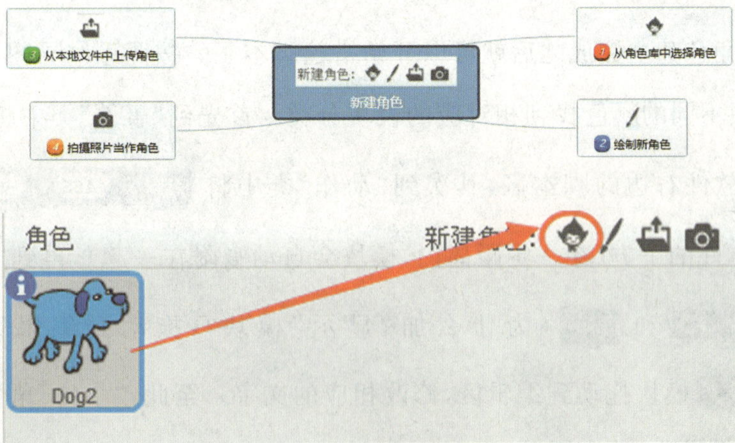

图 3.5 导入角色

提示：打开 Scratch 软件的时候会有一个默认的“小猫”角色，但在本项目中是用不到的，我们可以选中“小猫”角色，然后单击工具栏中的“删除”按钮或者在角色上右击，通过弹出的快捷菜单中的“删除”来删除默认的“小猫”角色，如图 3.6 所示。

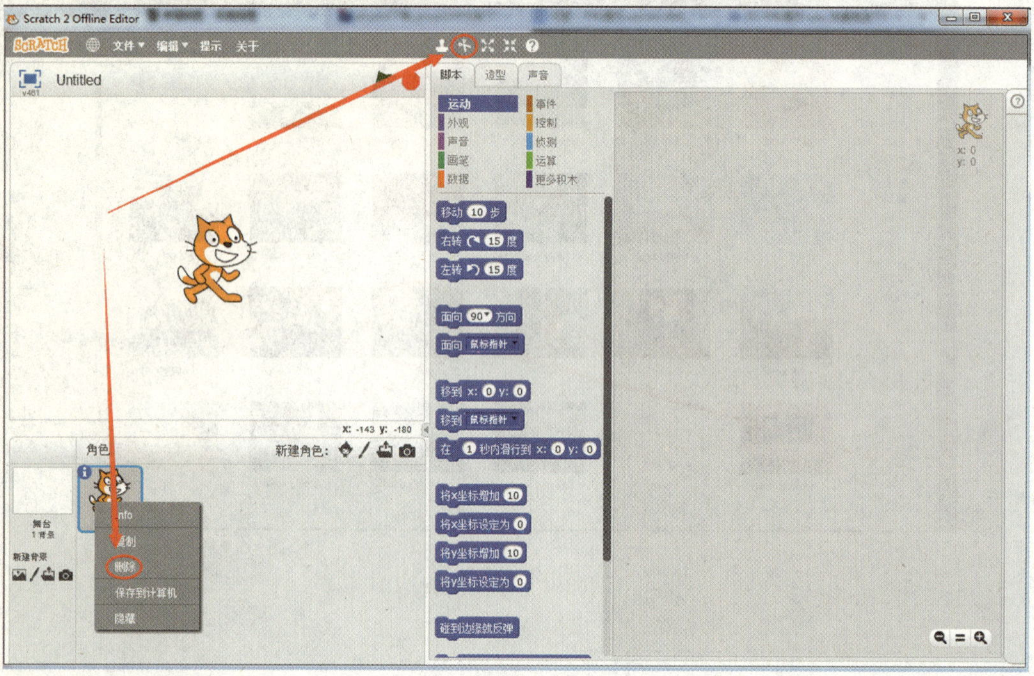

图 3.6　删除角色

3.3　设计脚本

背景和角色建立完成之后就可以开始搭建脚本了。按照思维导图和剧本设计表，根据模块不同的颜色找到相对应的模块分类。首先到“事件”类中将 当 被点击 事件拖动到软件右边的脚本区，其次到“动作”类中将 移到 x: -186 y: -123 拖动到 当 被点击 事件的下方（在一定距离内，模块会自动吸附在一起），再到“外观”类中将 将角色的大小设定为 75 和 显示 （为什么加“显示”模块?）拖动到编辑区，最后将 思考 Hmm... 2 秒 模块拖动到编辑区，修改相应的文字。至此，“小狗”角色在位置①的脚本就完成了。

到“事件”类中将 广播 消息1 拖动到编辑区，有广播就会有收到广播的事件，将 当接收到 消息1 拖动到编辑区形成一个新的程序流，然后到“控制”类中找到“重复”和“等待”模块以及“外观”类中的“下一个造型”模块。至此，模仿“小狗”走路的动作脚本就完成了。

后面依次按照表 3.1 中的顺序找到相应的模块并拖动到编辑区，整个项目就完成了。项目脚本的执行流程如图 3.7 所示，“当‘绿旗’被点击”时开始执行，当运行到“广播消息 1”处时“当接收到消息 1”事件开始执行，“小狗”角色会按照预定路线移动，最后移动到位置④的时候隐藏角色，“停止全部”脚本，项目执行流程结束。

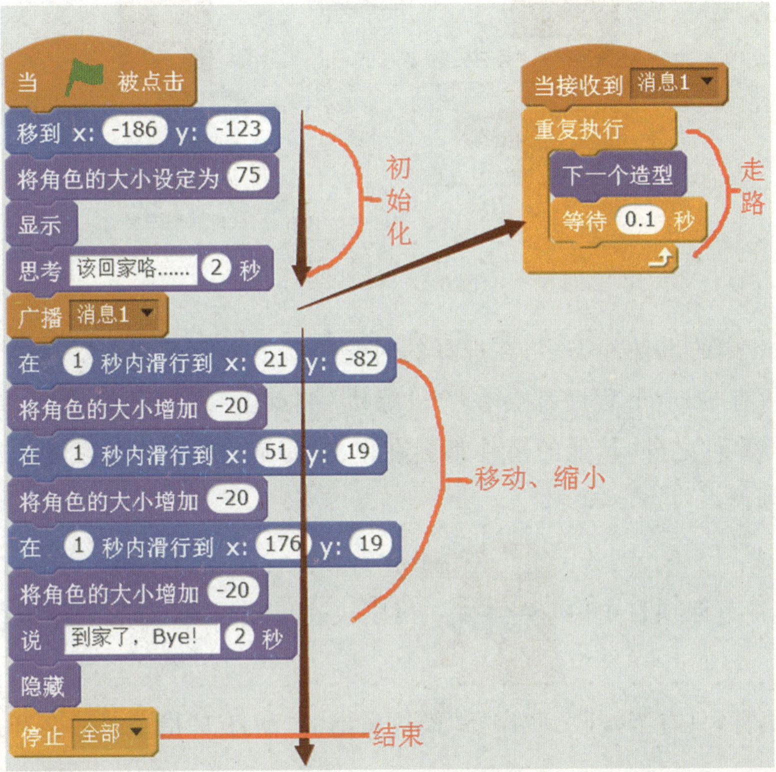

图 3.7 “小狗回家”脚本执行流程

3.4 Scratch 事件

上课铃声响了，同学们陆陆续续地走进教室，同学们是因为听到了“铃声响”这一事件才做出了进教室的动作；小朋友在家认真做作业，传来敲门声，小朋友起身去询问是谁……无论是听到铃声进教室还是听到敲门声去询问，这些动作都是因为某一个条件而开始的，这个条件决定我们什么时候去做什么事儿。在 Scratch 中，这类决定程序开始的条件称为“事件”。所有程序都是由一个事件开始执行的。Scratch 中的事件如图 3.8 所示。

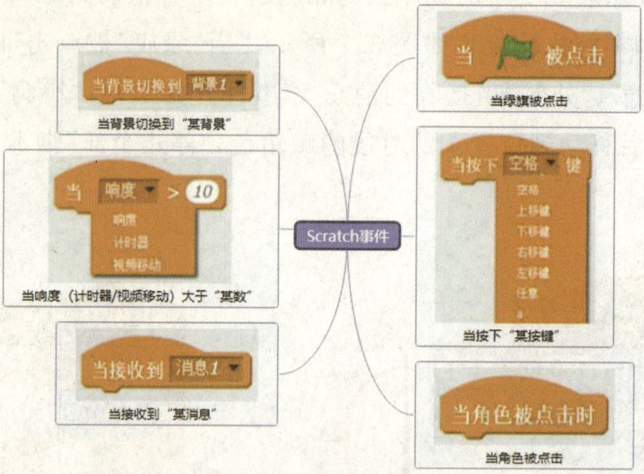

图 3.8　事件示例

Scratch 中的事件并不多，在选择的时候需要根据任务的需要，科学地选择开始事件。所有 Scratch 程序都会在“当‘绿旗’被点击”之后开始执行。除“当‘绿旗’被点击”事件之外，其他的事件都会在单击“绿旗”之后进入等待状态，按照顺序依次执行。

例如，本节课项目中的 

程序块，单击“绿旗”之后处于等待状态，并不会立即执行，只有当接收到“广播”模块发出的“消息 1”指令时才会开始执行。

第4课 英语数字故事情景剧

本课学习要点

1. 掌握多角色的显示/隐藏控制及角色造型的修改、删除。
2. 学会从本地上传声音和录制声音。
3. 理解用 Scratch 进行数字故事创作的思路。
4. 了解“声音”模块的使用。
5. 学会灵活运用广播事件。

制作英语情景剧“Do you like”项目。在制作过程中需要录制声音，并上传到对应的 Scratch 角色的声音属性中，请准备好麦克风和相关录音编辑软件。

录音软件推荐使用 Cool Edit Pro 2.1 中文版，如图 4.1 所示，简单易上手，可以制作多种效果并生成多种格式的声音文件，请自行搜索下载并安装，具体操作方法可以查找 Cool Edit 的相关教程。

图 4.1 Cool Edit Pro 2.1 界面

4.1 准备剧本

A1：Do you like bananas?

B：No，I don't.

A2：Do you like oranges?

B：No，I don't.

A3：Do you like apples?

B：Yes，I do!

课本内容如图 4.2 所示。课本中共有 4 个人物，我们将他们转换为 Scratch 中的卡通人物，对话内容不变。

图 4.2 英语课本内容

4.2 分析剧本内容

故事中共有 4 位小朋友，其中 3 位小朋友各问了 1 句话，另 1 位小朋友共回答了 3 句话。我们在 Scratch 中就需要 4 个角色，3 个角色问话，1 个角色回答。

分析完剧本之后我们开始准备素材，角色和背景可以用角色库里的，声音就需要我们自己进行录制了，将对话按顺序录制并保存为 6 个文件备用。

思维导图如图 4.3 所示，剧本设计表如表 4.1 所示。

图 4.3 “Do you like”思维导图

表 4.1 “Do you like”剧本设计表

角色	剧本设计	Scratch 语句模块	声音
舞台	导入背景	无	无
A1	问话 1	说 Do you like bananas? 播放声音 1.mp3 直到播放完毕	1. mp3
A2	问话 2	同上(改变说的内容、声音文件)	3. mp3
A3	问话 3	同上(改变说的内容、声音文件)	5. mp3
B	回答 1 回答 2 回答 3	说 No,I don't. 播放声音 2.mp3 直到播放完毕 说 Yes,I do. 播放声音 6.mp3 直到播放完毕	2. mp3 4. mp3 6. mp3

4.3 导入舞台背景和设置角色

根据剧本设计，从库中选择上传自己需要的背景和角色，如图 4.4 所示。

图 4.4　设置舞台背景和角色

4.4 导入声音

首先选中相应的角色，然后切换到声音标签。声音标签有 3 个小图标：从声音库中选取声音、录制新声音、从本地文件中上传声音。这里我们用到的是“从本地文件中上传声音”，如图 4.5 所示。

图 4.5　选中角色上传声音

在弹出的对话框中找到录制好的声音文件，确定上传，如图 4.6 所示。

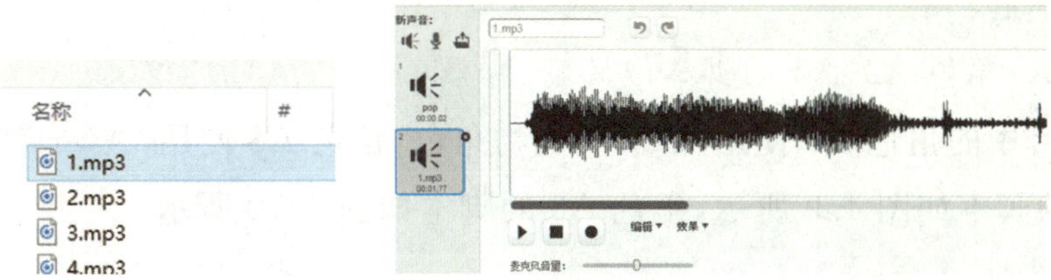

图 4.6　上传声音文件

上传完成后可以对声音进行再编辑和设定效果。

也可以使用“录制新声音”直接通过麦克风录制一段声音到 Scratch 中。

4.5　设计脚本

本项目中有 4 个角色，角色之间进行交互问答需要用到“广播”模块，使用多条广播时建议根据事件命名消息，以便于厘清多个广播的作用且方便以后查阅和修改脚本。

4.5.1　角色 A1 的脚本设计

本项目中的角色 A1 使用“Abby”人物角色，同学们也可以自行修改角色名字，如图 4.7 所示。

图 4.7　修改角色名称

根据剧本设计，我们首先需要给角色一个初始值，设置它的造型、位置等，然后开始进行对话，脚本如图 4.8 所示。

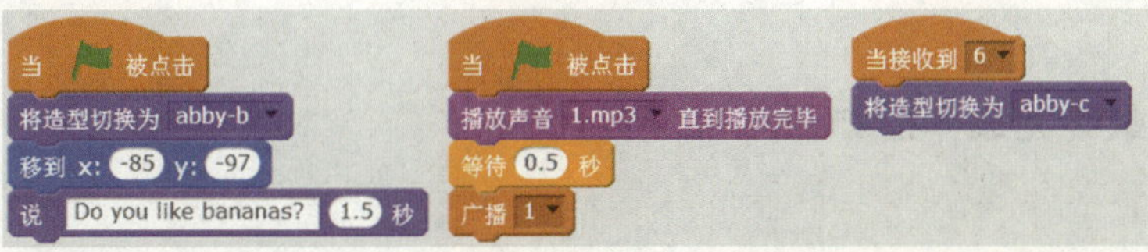

图 4.8　角色 A1(Abby)的脚本

想一想：这里为什么要使用两次“当‘绿旗’被点击”事件，而不是将这两段代码连接在一起？

4.5.2 角色 A2、A3 的脚本设计

本项目中的角色 A2 使用“Devin”人物角色，角色 A3 使用“Avery”人物角色，角色 A2 的脚本如图 4.9 所示，角色 A3 的脚本如图 4.10 所示。

图 4.9 角色 A2(Devin)的脚本

图 4.10 角色 A3(Avery)的脚本

仔细对比一下这 3 个问话的角色脚本的差异，想一下剧本流程，说说为什么会有这些差异。

4.5.3 角色 B 的脚本设计

本项目中的角色 B 使用“Jaime”人物角色，角色 B 需要分别回答前面 3 个角色的问题，脚本如图 4.11 所示。

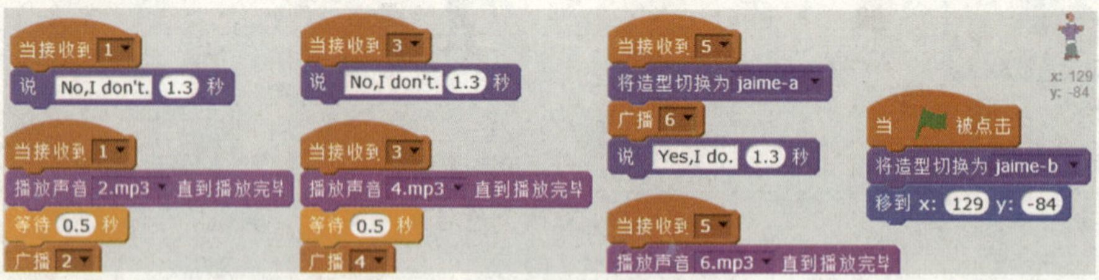

图 4.11 角色 B(Jaime)的脚本

角色 B 需要对第一、三、五句话分别进行回答，注意准确选择接收到的“消息”。

本项目最终完成作品如图 4.12 所示。

图 4.12 “Do you like”

4.6 录制成视频

数字故事作品完成后，我们还可以将它“录制成视频”，以便于分享。

(1)选择“文件”菜单中的“录制成视频”，在弹出的对话框中进行相关设置并单击“Start”开始录制，如图 4.13 所示。

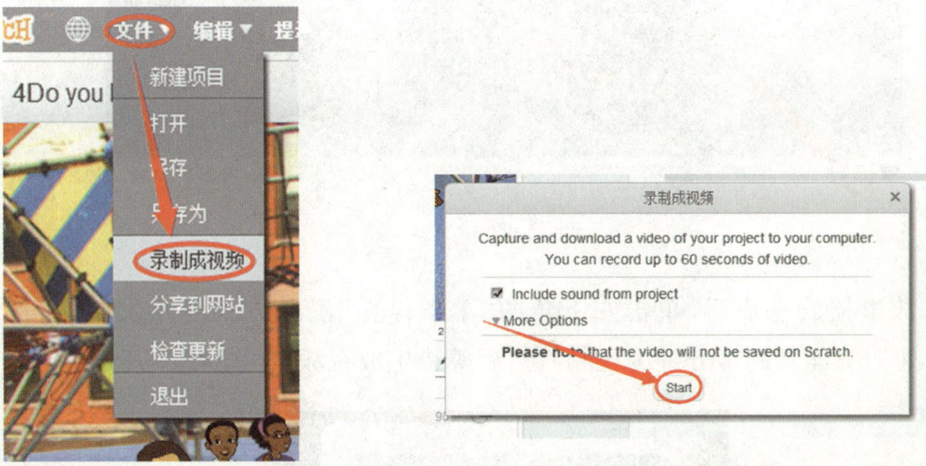

图 4.13 录制成视频

(2)单击"Start"开始录制后，舞台中会有 3 秒倒计时，倒计时结束后，单击右上角的"绿旗"开始播放故事并录制视频，左下角有"单击停止"提示，如图 4.14 所示。

图 4.14 开始录制

(3)录制过程中左下角有一个红色的圆点闪动，表示正在录制，如图 4.15 所示。

图 4.15 正在录制

(4)故事播放完成后，单击左下角的"单击停止"黑色方块停止录制(注意：Scratch 暂时只能录制 1 分钟的视频)，然后等待生成视频，如图 4.16 所示。

图 4.16 录制完成，生成视频

(5)生成视频后单击中间的“Save and Download”按钮进行保存，如图4.17所示，在弹出的对话框中选择保存位置并设置好文件名，保存即可。Scratch录制的视频格式为FLV，保存后单击“Back to Scratch”即返回舞台，如图4.18所示。

图4.17　保存视频(一)

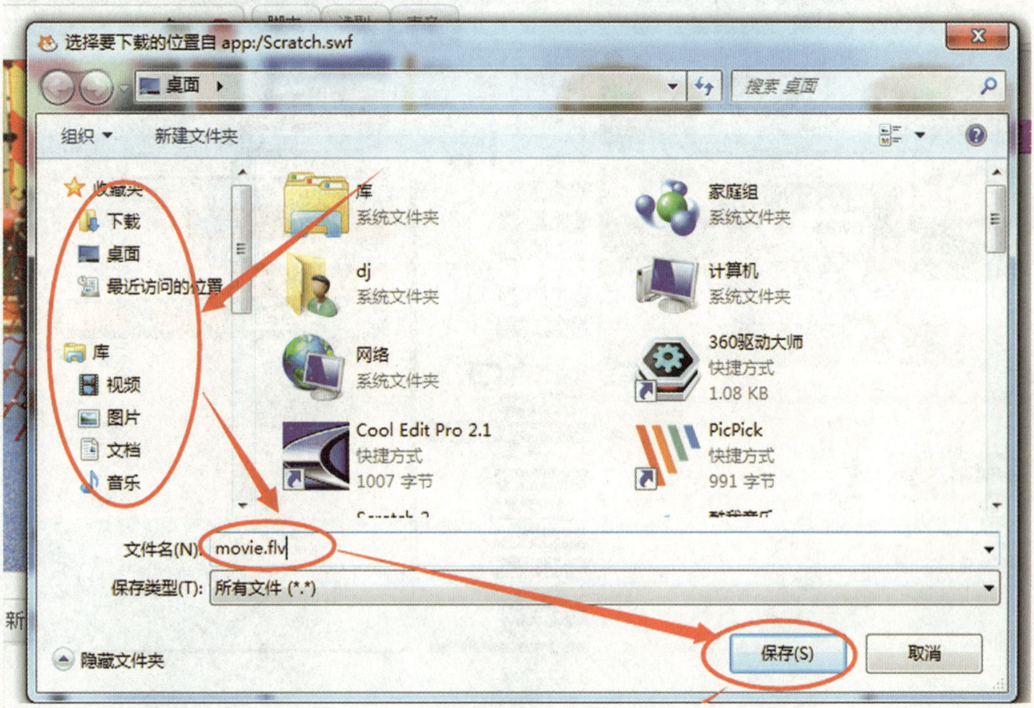

图4.18　保存视频(二)

第 5 课　小猫做加法

本课学习要点

1. 认识变量。
2. 掌握“侦测”类“问答”模块的使用。
3. 了解运算符号。
4. 总结顺序结构的执行过程。

Devin 今天去上学，路上遇到 1 只神奇小猫，小猫说：“告诉我 2 个数 a 和 b，我就能说出这 2 个数的和是多少。”如图 5.1 所示。

图 5.1　“小猫做加法”

5.1　分析剧本

本项目中有 2 个角色，人物角色只是陪衬，也可不用。项目开始需要我们依次输入 2 个整数，然后“小猫”会说出它们的和。这就需要设置 2 个变量来存储输入的 2 个整数，然后通过“小猫”角色的“说”模块说出这 2 个变量进行加法运算之后的结果。

变量相当于一个容器，是程序中数据的临时存放场所。

思维导图如图 5.2 所示，剧本设计表如表 5.1 所示。

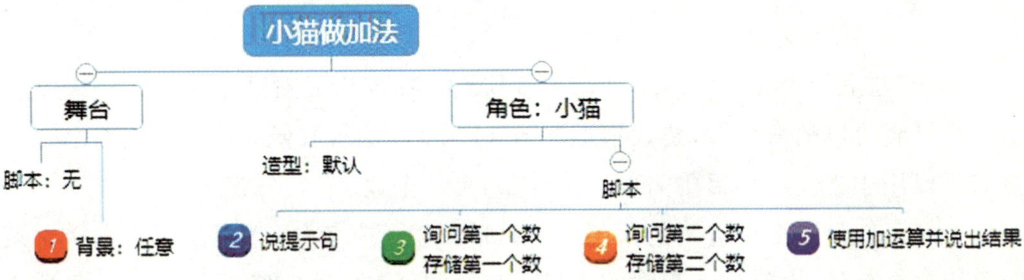

图 5.2 “小猫做加法”思维导图

表 5.1 “小猫做加法”剧本设计表

角色	剧本设计	Scratch 语句模块
舞台	导入背景	无
小猫	说提示语	说 我会做加法哦！ 2 秒 说 告诉我两个整数，我就能说出它们的和！ 2 秒
	询问第一个数 存储第一个数	询问 告诉我第一个数 并等待 将 第一个数 设定为 回答
	询问第二个数 存储第二个数	询问 告诉我第二个数 并等待 将 第二个数 设定为 回答
	说出加运算的结果	说 连接 它们的和是 和 第一个数 + 第二个数

5.2 设置舞台背景和合适的角色

根据前面学过的方法从舞台的背景库中选择一个合适的背景，或者自己上传一张图片作为背景图。角色保留默认的“小猫”角色，然后从角色库中选择 1 个卡通人物的角色，将这 2 个角色调整到合适的大小，并拖放到合适的位置。

根据剧本的分析，我们需要通过键盘输入 2 个数，那么就需要设置储存这 2 个数的容器，也就是变量。

5.3 变量的基础知识

单击“数据”类，我们就可以看到“建立一个变量”“建立一个列表”2 个按钮，除了按钮之外没有一个功能模块，需要新建变量或者列表之后，它们相应的功能模块才会出现。

5.3.1 新建变量

单击“建立一个变量”按钮，如图 5.3 所示。在弹出的对话框中输入一个变量名。变量名可以随意设置，建议根据 Scratch 项目需要，取便于识别的变量名。变量名可以用中文。本项目中需要 2 个变量：第一个数、第二个数。

中间可以设置变量适用的角色。一是适用于所有角色，意思是所有角色都可以引用这个变量，也就是编程中的全局变量；二是仅适用于当前角色，意思是这个变量只能用于当前选定的角色，其他角色不能引用这个变量，也就是编程中的局部变量。

在其他计算机编程语言中，常见的数据类型分为字符型、数值型、日期型等。Scratch 中的变量是字符型和数值型的综合体，既可以存储字符，也可以存储数值。

了解了变量的相关知识之后，我们就可以建立本项目的 2 个变量了，然后可以看到有关变量操作的相关模块，如图 5.4 所示。

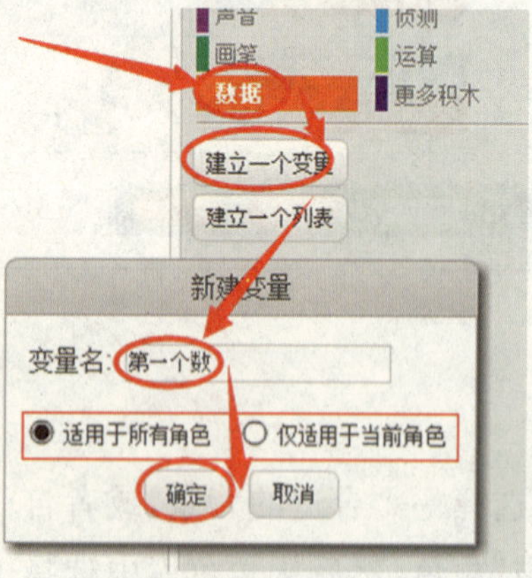

图 5.3 新建变量

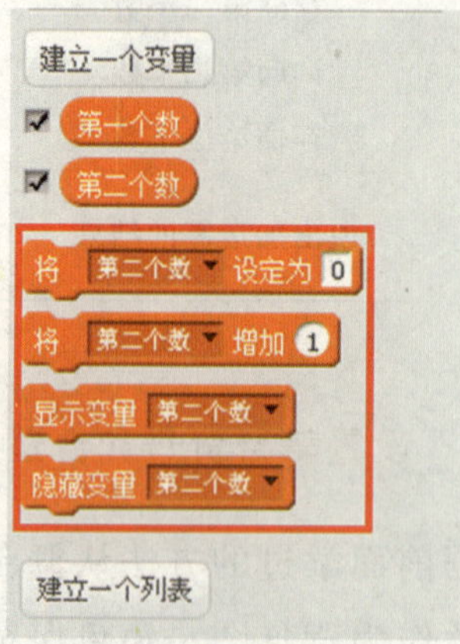

图 5.4 “变量操作”模块

5.3.2 变量的基本操作

变量的基本操作模块有 4 个。

5.3.2.1 将 第一个数 设定为 0

功能:将一个变量设定为指定的值,可以是数值型,也可以是字符型。

5.3.2.2 将 第一个数 增加 1

功能:每执行一次,将变量的值增加指定的值,只对数值型变量有效。

5.3.2.3 显示变量 第一个数

功能:将指定的变量在舞台窗口中显示出来,如图 5.5 所示。此模块相当于在变量名前的方框内打"√"☑ 第一个数 。

5.3.2.4 隐藏变量 第一个数

功能:将指定的变量隐藏起来,如图 5.6 所示。此模块相当于在变量名前的方框内取消打"√"☐ 第一个数 。

图 5.5 显示变量

图 5.6 隐藏变量

提示:舞台中变量显示的模式有 3 种:在显示处的变量上右击,会弹出一个设置菜单,包含"正常显示""大屏幕显示""滑杆",效果如图 5.7 所示。可根据项目需要选择合适的显示方式。

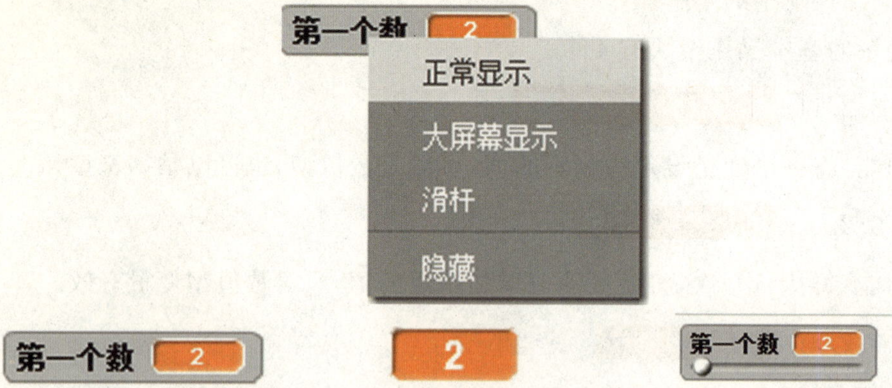

图 5.7　变量显示模式

5.4　设计脚本

角色背景设置好了，变量也建立了，下面就要开始搭建“脚本”模块了。由于本项目需要用到简单人机交互功能，也就是需要我们通过键盘输入数字，所以需要用到“侦测”类里的“询问”和“回答”2 个模块，如图 5.8 所示。

图 5.8　“询问”和“回答”模块

“侦测”类中包含了可以侦测声音响度、按键、颜色、回答、坐标、碰撞等功能的模块，“侦测”类模块的全部知识结构如图 5.9 所示。

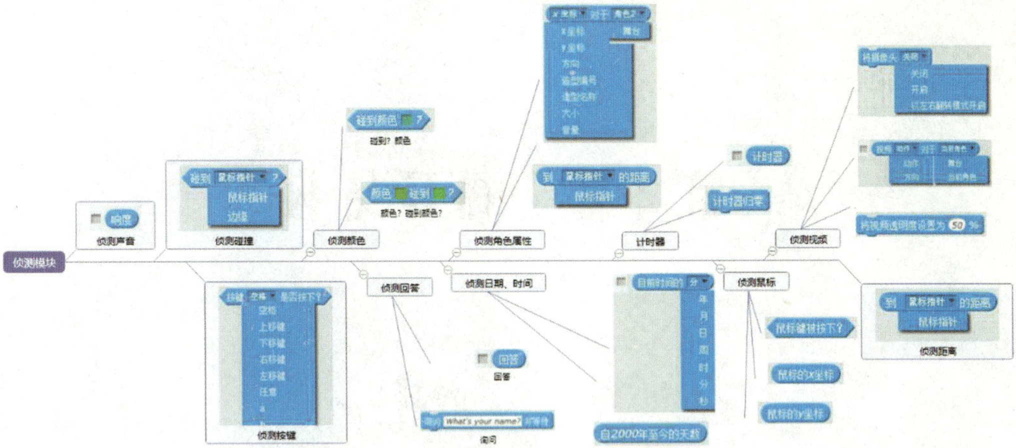

图 5.9 “侦测”类模块的知识结构

“侦测”类模块的功能详见附录。

了解了“侦测”类模块，下面就可以开始编写脚本了。依据剧本设计表将相应模块拖放到脚本区，最终的结构如图 5.10 所示。

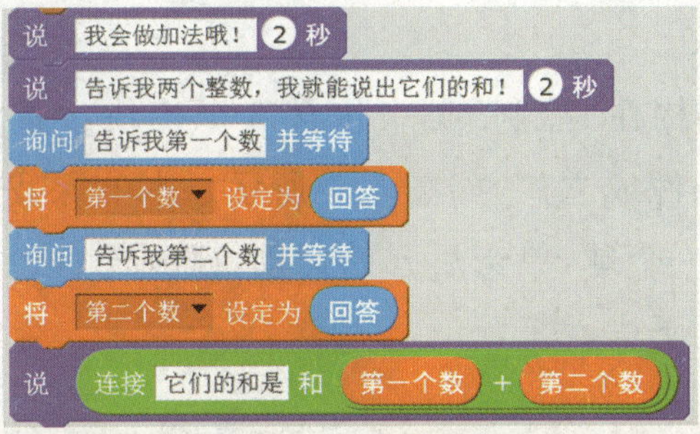

图 5.10 项目最终脚本

第 2 章　循环结构

第 6 课　弹球

本课学习要点

1. 理解循环结构。
2. 了解 3 种重复模块。
3. 设计项目：弹球。

Scratch 的重复结构在"控制"类中包含 3 个模块："重复执行""重复执行 x 次""重复执行直到'条件成立'"，如图 6.1 所示。本节课我们做一个最简单的项目"弹球"。舞台中有一个球，单击后开始运动，碰到舞台边缘的时候反弹回来继续运动，如此一直运动下去。

图 6.1　"重复"模块

6.1　设置舞台和角色

选择一个合适的背景导入，然后将默认的"小猫"角色删除，再从角色库中导入一个球的角色，最终如图 6.2 所示。

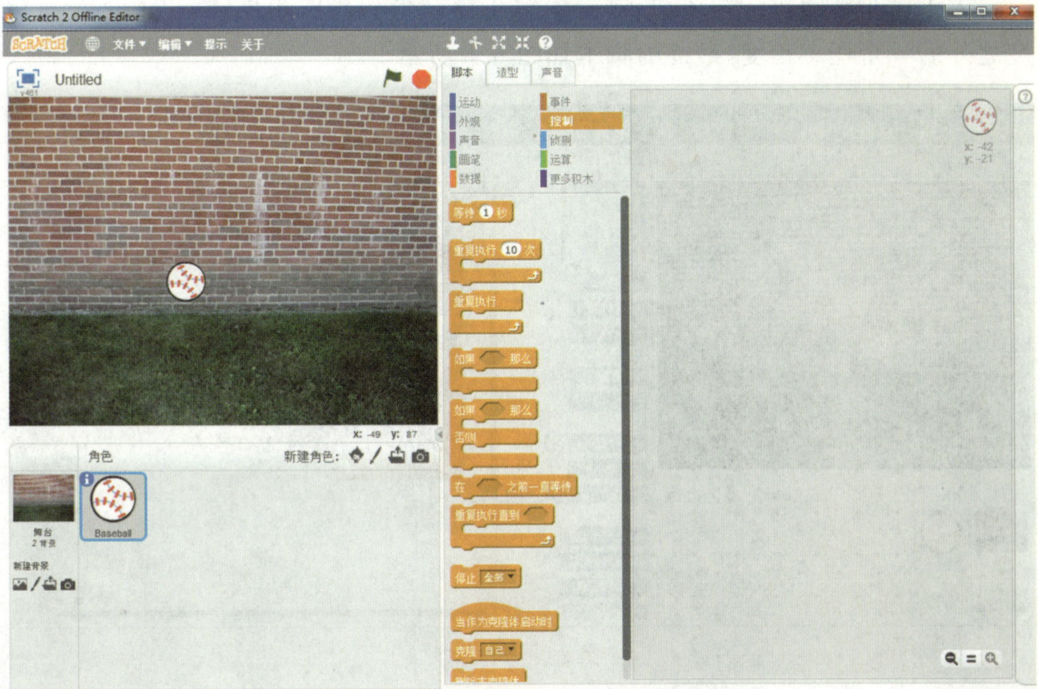

图 6.2　设置背景和角色

6.2　编写脚本

事件仍然使用“当‘绿旗’被点击”，然后拖入“控制”类中的“重复执行”模块和“运动”类中的“移动 10 步”模块，如图 6.3 所示，单击“绿旗”测试一下吧。

咦，小球移动到舞台边缘不动了！

原来我们忘记加上反弹的脚本了。在“运动”类中有一个“碰到边缘就反弹”的模块，把它拖到“循环”模块里面，如图 6.4 所示。

图 6.3　测试模块(一)

图 6.4　测试模块(二)

可是小球怎么总是在一条水平线上运动呢？

Scratch 中新添加的角色默认的角度是 90°，也就是向右，碰到边缘反弹回来是向左。

为了让小球随机开始运动，就需要给小球一个初始的角度，除了上下左右角度之外的一个任意角度，最终的脚本如图 6.5 所示。

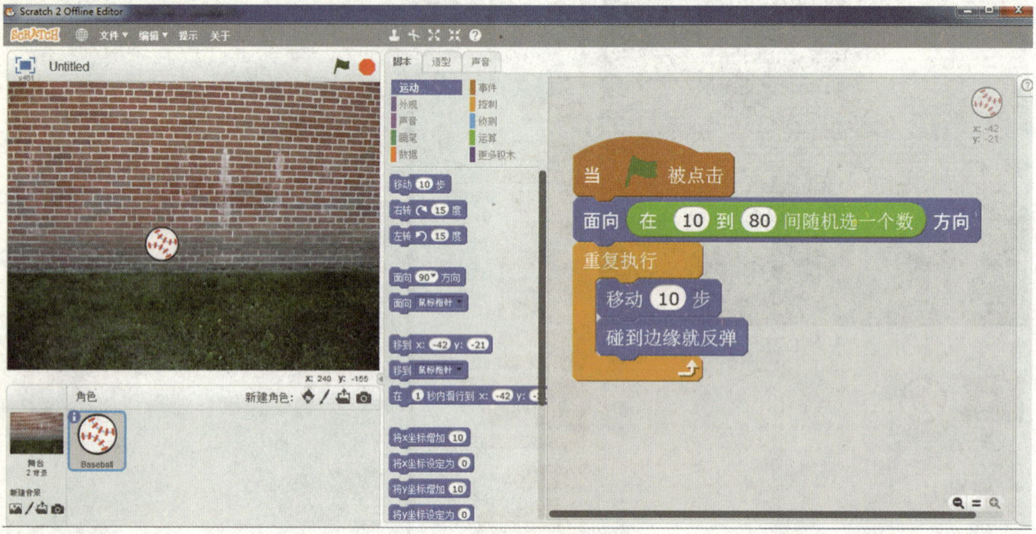

图 6.5 “弹球”

6.3 方向

在 Scratch 中，关于方向角度的定义跟我们实际生活中的是有区别的，Scratch 中的向上为 0°、向下为 180°、向左为 −90°、向右为 90°，如图 6.6 所示，即以坐标纵轴为分界，右边为正值，左边为负值。

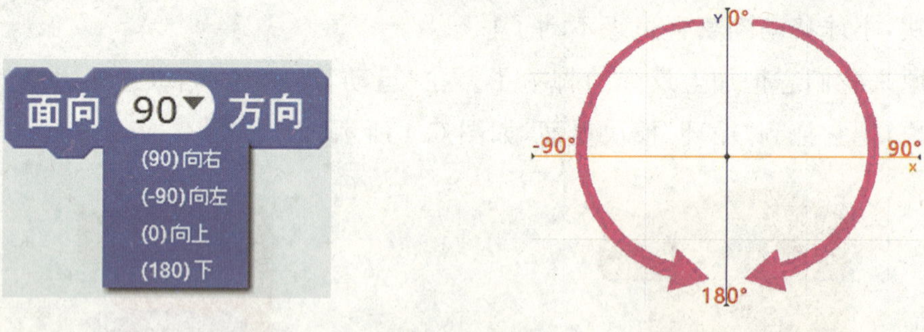

图 6.6 方向

附：项目“小狗回家”中模拟小狗走路的脚本就是一个一直重复执行的循环结构，循环的“脚本”模块就是每 0.1 秒切换下一个造型，以此来模拟小狗走路，如图 6.7 所示。

图 6.7 循环的“脚本”模块

第7课 口算练习器

本课学习要点

1. 掌握2种条件循环结构。
2. 设计项目：口算练习器(加法)。

前面我们制作了一个“小猫做加法”的项目，输入2个数，“小猫”角色会说出这2个数的和；本节课的项目是让“小猫”出题，我们算出和(先不进行对错判断)。

7.1 分析剧本

“小猫”角色根据脚本的设置循环地出加法题，我们输入结果(不判断对错)，需要用到2个变量存储2个加数，1个变量存储计算结果，回答完后等待2秒对比，继续出题，直到设置的数量结束。思维导图如图7.1所示，剧本设计表如表7.1所示。

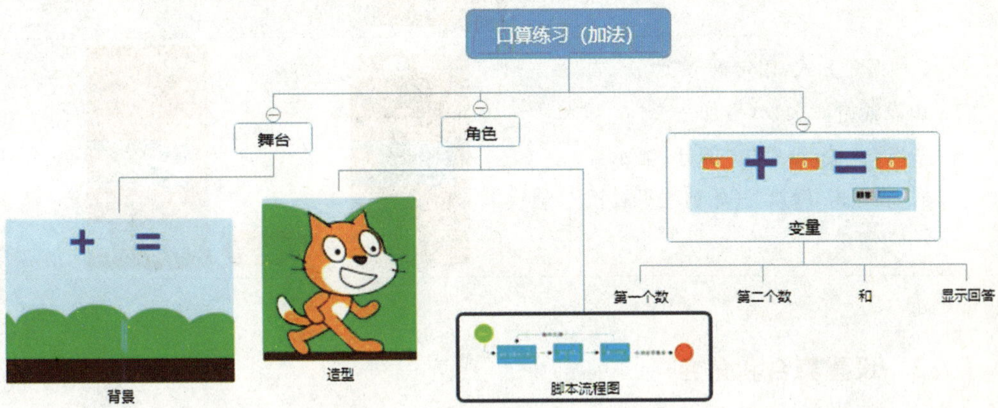

图7.1 “口算练习器”思维导图

从本节课开始，脚本逐渐趋于复杂，建议将脚本流程用流程图的形式画出来，如图7.2所示。

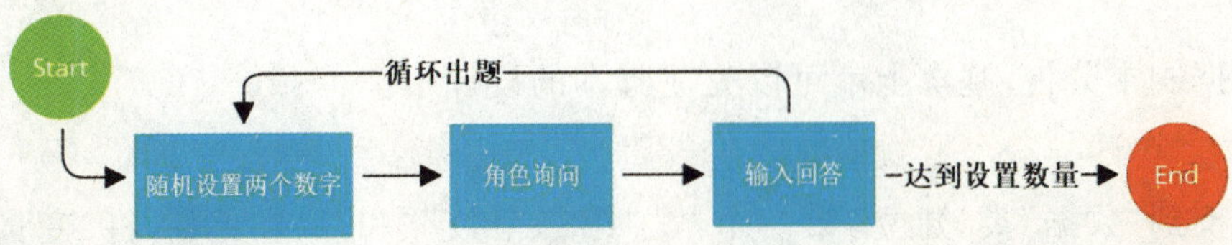

图7.2 流程图

表 7.1　　　　　　“口算练习器”剧本设计表

角色		剧本设计	Scratch 模块
舞台		导入背景	无
变量		在“数据”类中建立 3 个变量：第一个数、第二个数、和。将“侦测”类“回答”打√显示	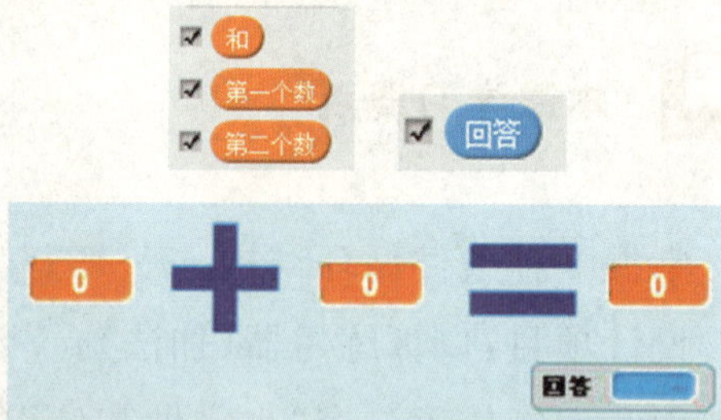
角色		生成 2 个随机数并赋值给 2 个变量	
		询问用到“运算”类中的“连接”模块	
		显示结果和回答等待 2 秒	
		2 种循环方式：固定循环 10 次、自由设置循环次数（增加一个“出题数”的变量，设置为“滑杆”显示样式，在单击“绿旗”开始前先设置滑杆）	

7.2　设置舞台和角色

从背景库中选择一个合适的背景，可以切换到“背景”标签，将“＋”和“＝”画到背景上的合适位置；角色使用默认的“小猫”角色。

7.3　编写脚本

根据剧本分析，基本上就可以完成脚本的设计了。

7.3.1　建立 3 个变量

切换到“数据”类，建立“第一个数”“第二个数”“和”3 个变量，将“变量赋值”模块  拖入脚本区；由于需要随机出题，再到“运算”类中将“随机

数”模块拖入脚本区，这里可以修改 2 个白圈中的数字；最后将“随机数”模块嵌套进“变量赋值”模块中，如图 7.3 所示。后面用到需要嵌套的模块的操作方法同此。

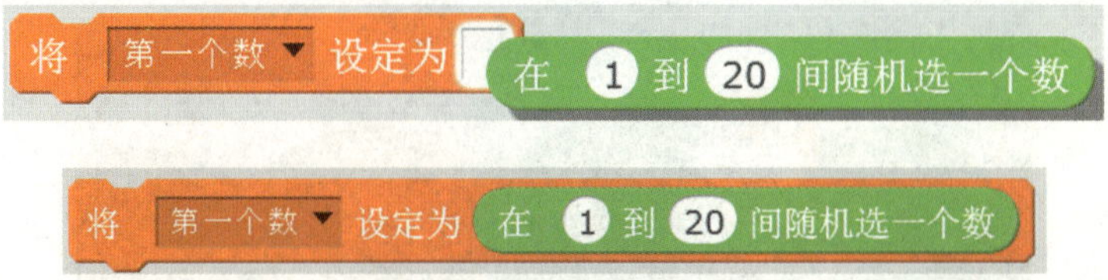

图 7.3 “嵌套”模块

7.3.2 询问脚本的设置

设置完 2 个随机数之后，“小猫”角色提问，提问的内容是加法算式，如“10＋15＝?”。在这个算式中，10 和 15 是 2 个变量，另外还有“＋”和“＝?”这 2 组字符，将它们连接起来需要用到“运算”类的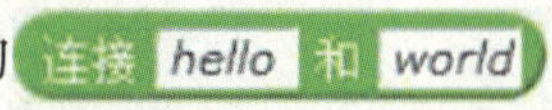模块，这个模块可以连接 2 组内容。通过上面的分析，我们需要用嵌套的 3 个“连接”模块来连接 4 组内容，如图 7.4 所示。

图 7.4 连接嵌套

最后将嵌套的“连接”模块嵌到“询问”模块中即可，如图 7.5 所示。

图 7.5 “询问”模块

7.3.3 显示计算的和

先将“回答”显示出来，它是显示我们需要的答案，如图 7.6 所示。

图 7.6　显示“回答”

然后将 2 个随机数的正确答案赋值给变量“和”，使用“运算”中的加运算，如图 7.7 所示。

图 7.7　给“和”赋值

为了对“回答”和“和”进行对比，需要预留一点时间，最后再将变量“和”清空，以便于继续出题，如图 7.8 所示。

图 7.8　清空“和”

7.3.4　加入循环

加入“循环”模块让“小猫”自动出题即完成本项目，最终的脚本效果如图 7.9 所示。

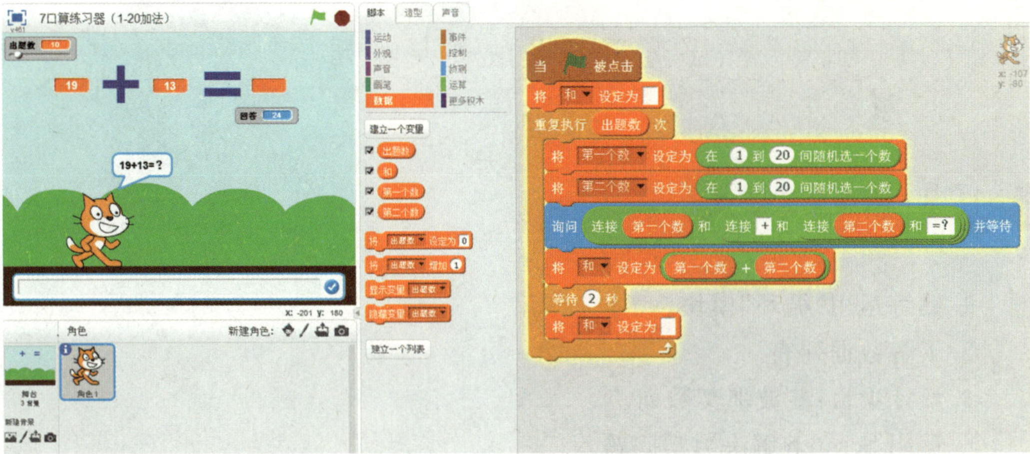

图 7.9 “口算练习器”

第 8 课　斐波那契数列

本课学习要点

1. 熟练运用“循环”模块。
2. 了解数据列表。
3. 设计项目：斐波那契数列。
4. 运用 Scratch 解决数学问题。

问题：假设一对兔子(一雄一雌)成长到第三个月后每月能生一对兔子(也是一雄一雌，下同)。每对兔子第一个月没有生殖能力，但从第三个月开始便也能每月生一对兔子。假定这些兔子都没有出现死亡现象，那么从第一对刚出生的兔子开始，12 个月以后会有多少对兔子呢？

8.1　问题分析

这是 13 世纪意大利数学家斐波那契在其《算盘书》修订版中增加的一道著名的兔子繁殖问题。后人为了纪念提出兔子繁殖问题的斐波那契，将这个兔子数列称为“斐波那契数列”，学术界又称为“黄金分割数列”。

问题解释如下：第一个月只有一对兔子；第二个月仍然只有一对兔子；第三个月这对兔子生了一对小兔子，共有 1+1=2 对兔子；第四个月最初的一对兔子又生了一对兔子，共有 2+1=3 对兔子；以此类推，第 n 个月的兔子总数，大致可以分为两部分：一部分是非新生的，另一部分是当月新生的。非新生的是第($n-1$)个月的兔子总数，新生的取决于第($n-2$)个月的兔子总数。即兔子[n]=兔子[$n-1$]+兔子[$n-2$]。本项目的思维导图如图 8.1 所示。

图 8.1　“斐波那契数列”思维导图

8.2 列表

如果我们要把斐波那契数列(即每个月兔子的数量)都显示出来,那么存储这个序列用变量就不好实现了,这就要用到"数据"类中的列表功能了。Scratch 中的"列表"相当于其他编程语言中的"数组"。如果把变量看作一个盒子,那么列表就是一个由盒子组成的很多层的柜子。列表的建立方法跟建立变量一样,建立列表之后的模块如图 8.2 所示。

8.3 解决兔子问题

根据上面的分析,兔子问题的解决流程图如图 8.3 所示。

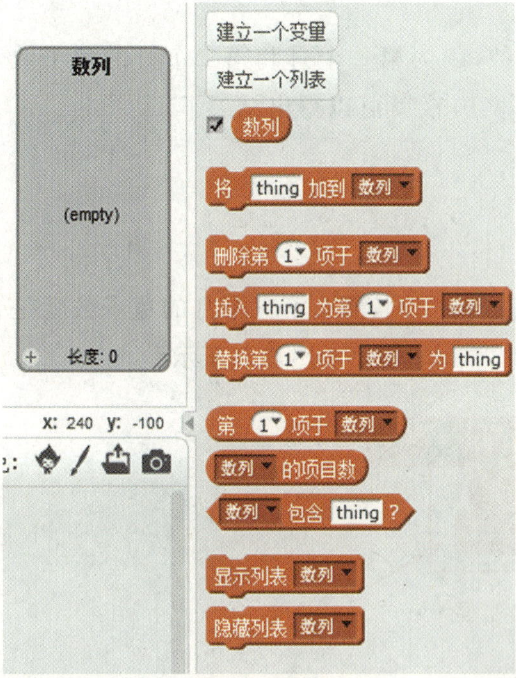

图 8.2 列表

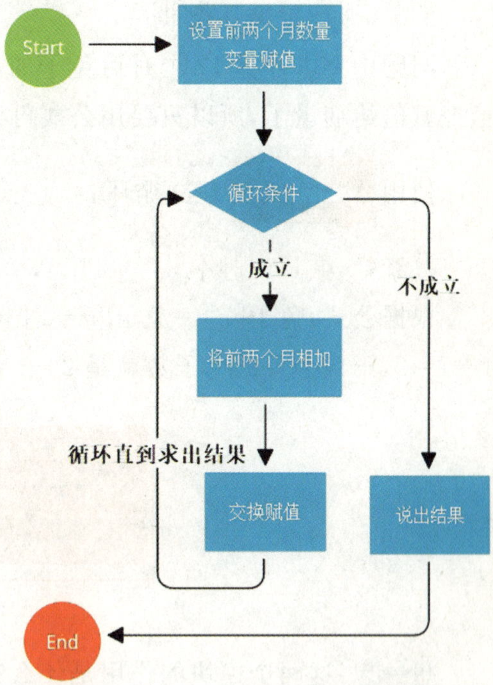

图 8.3 流程图

8.3.1 设置背景和角色

导入合适的背景和角色。这里的角色是为了最后说出结果,也可以不用。

8.3.2 建立变量

根据问题分析，第一个月和第二个月都只有 1 对兔子，而且根据分析出的计算公式：兔子[n]＝兔子[$n-1$]＋兔子[$n-2$]，也是需要 n 之前的两个月的兔子数，设置好变量 $n1$ 和 $n2$，并赋给它们初始值 1，即第一个月和第二个月的兔子数，如图 8.4 所示。

图 8.4 建立变量并赋值

8.3.3 设置循环条件

问题中要求计算 12 个月后兔子的总数，因为第一个月和第二个月的兔子数已经赋值给变量了，所以只要用公式再计算 10 次就可以得出结果了。

使用 

建立循环。

8.3.4 循环内脚本

根据公式：兔子[n]＝兔子[$n-1$]＋兔子[$n-2$]，那么第三个月的兔子数就是 1＋1＝2，第四个月的兔子数就是 2＋1＝3，“脚本”模块如图 8.5 所示。

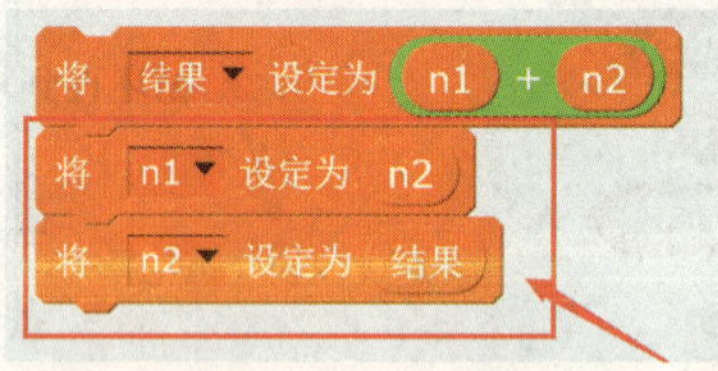

图 8.5 变量赋值

想一想：这两个模块的作用是什么？

8.3.5 说出结果

用“外观”类中的“说”模块说出问题结果，如图 8.6 所示。

图 8.6 说出结果

最终脚本及运行效果如图 8.7 所示。

图 8.7 “兔子问题”

8.4 斐波那契数列

如图 8.2 所示，我们已经建立好了一个列表。按顺序将每个月得到的兔子的数量加入这个列表中，需要用到“数据”类中的“将值加到列表”模块，就是将每次运算得到的“结果”变量添加到“数列”列表中，如图 8.8 所示。

图 8.8 将结果加入数列

发现问题：单击一次“绿旗”列表中就会增加一组相同的数列。

解决问题：每次单击“绿旗”先把列表清空，用 删除第 全部 项于 数列 模块。

如果想要知道任意一个月的兔子数量，该怎么做呢？在“询问”模块加入交互功能，就可以手动输入一个数字，计算出相应月份的兔子数量了，也可以将“列表”显示出来，动态地显示数列的生成。

斐波那契数列的前 3 个数 0、1、1 需要手动添加到数列中，如图 8.9 所示。

图 8.9　将数加入数列

最终程序模块及运行效果如图 8.10 所示。

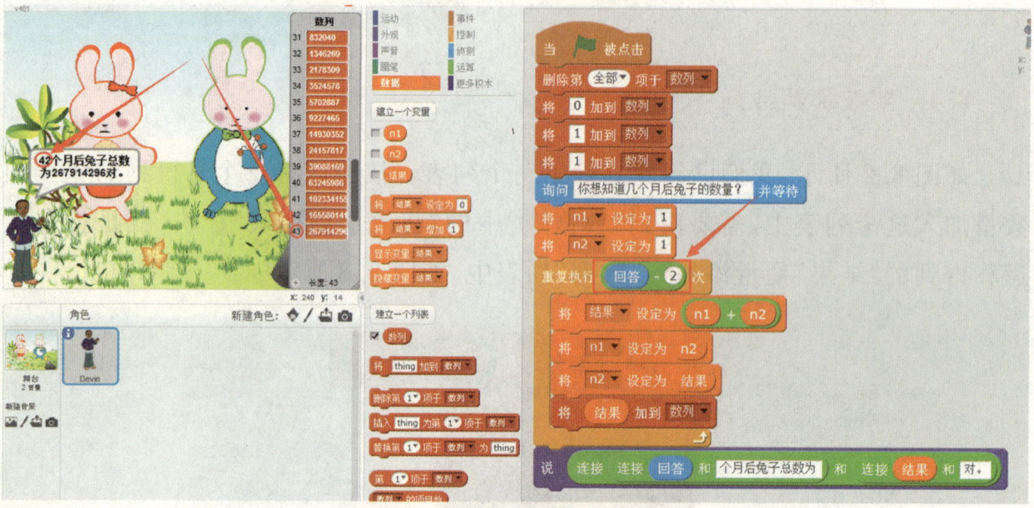

图 8.10　“斐波那契数列”

注意图中的三个箭头所指的位置。

想一想：为什么我们输入的是“42”，列表中却有 43 个数？循环的次数为什么要减 2？

第 3 章 分支结构

第 9 课 韩信点兵

本课学习要点

1. 理解条件循环结构。
2. 合理设置循环条件。
3. 了解分支结构。
4. 掌握"判断"模块的用法。
5. 用 2 种算法设计项目:韩信点兵。

秦朝末年,楚汉相争。有一次,韩信率 1500 名将士与楚王大将李锋交战。苦战一场,楚军不敌,败退回营,汉军死伤四五百人,于是韩信整顿兵马也返回大本营。当行至一山坡时,忽有后军来报,说有楚军骑兵追来。只见远方尘土飞扬,杀声震天。汉军本来已十分疲惫,这时队伍大哗。韩信率兵马到达坡顶,见来敌不足五百骑,便急速点兵迎敌。他命令士兵 3 人一排,结果多出 2 名;接着命令士兵 5 人一排,结果多出 3 名;又命令士兵 7 人一排,结果又多出 2 名。韩信马上向将士们宣布:我军有 1073 名勇士,敌人不足 500,我们居高临下,以众击寡,一定能打败敌人。汉军本来就信服自己的统帅,这一来更相信韩信是"神仙下凡""神机妙算",于是士气大振。一时间旌旗摇动,鼓声喧天,汉军步步进逼,楚军乱作一团。交战不久,楚军大败而逃。

该问题同《孙子算经》中的"物不知数"问题:"今有物不知其数,三三数之剩二,五五数之剩三,七七数之剩二,问物几何?"按照今天的话来说就是:一个数除以 3 余 2,除以 5 余 3,除以 7 余 2,求这个数。

后来这样类似"物不知数"的问题,又被称为"韩信点兵"。它形成了一类问题。

算法一：先在纸上写上 2，每次加 3，加成 5 除余 3 的时候停下来，再在这个数上每次加 15，到得出 7 除余 2 的时候，就是答数。

算法二：我国古代学者早就研究过这个问题。例如，我国明朝数学家程大位在他的著作《算法统宗》(1593 年)中就用四句很通俗的口诀暗示了此题的解法：三人同行七十稀，五树梅花廿一枝，七子团圆正半月，除百零五便得知。

"正半月"暗指 15。"除百零五"的原意是：当所得的数比 105 大时，就 105、105 地往下减，使之小于 105，这相当于用 105 去除，求出余数。

这四句口诀暗示的意思是：当除数分别是 3、5、7 时，用 70 乘以用 3 除的余数，用 21 乘以用 5 除的余数，用 15 乘以用 7 除的余数，然后把这 3 个乘积相加，加得的结果如果比 105 大，就除以 105，所得的余数就是满足题目要求的最小正整数解。

9.1 算法一设计(条件循环结构)

9.1.1 流程图

先来看看算法一的流程图(见图 9.1)。

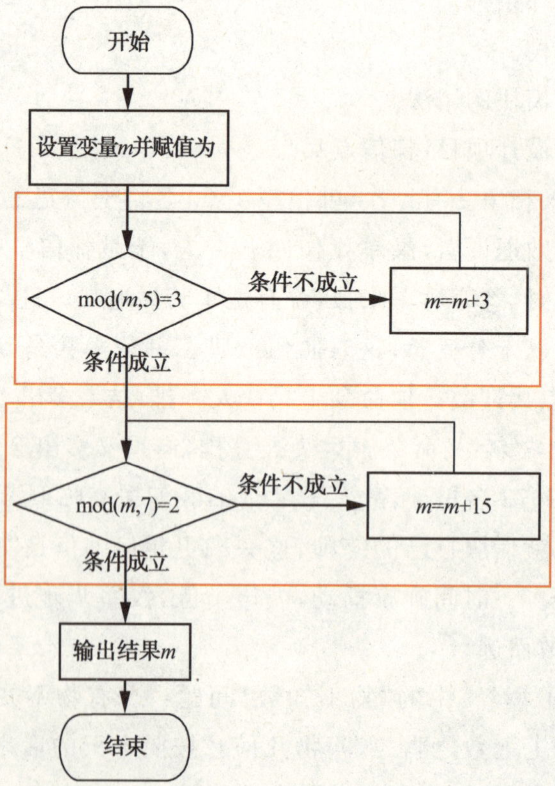

图 9.1 算法一流程图

流程图中2个框的部分就是2个条件循环脚本，使用“重复执行直到‘条件成立’”模块。

下面我们就用4个步骤来完成最终脚本。其中，项目的背景和角色大家可以根据自己的喜好设置。

9.1.2 设置变量并赋值

设置变量“m”，并赋值为2，如图9.2所示。

图9.2 设置变量并赋值

9.1.3 第一个条件循环

条件为“m 除以5的余数为3”，如果成立则跳出循环继续执行后面的脚本，如果不成立则执行循环体内的脚本“将变量 m 加3”，如图9.3所示。

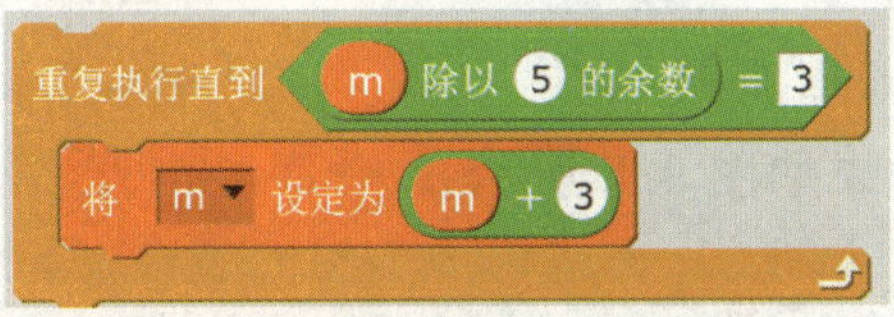

图9.3 第一个条件循环

9.1.4 第二个条件循环

第一个条件成立之后执行第二个条件循环，条件为“m 除以7的余数为2”，如果成立则跳出循环继续执行后面的脚本，如果不成立则执行循环体内的脚本“将变量 m 加15”，如图9.4所示。

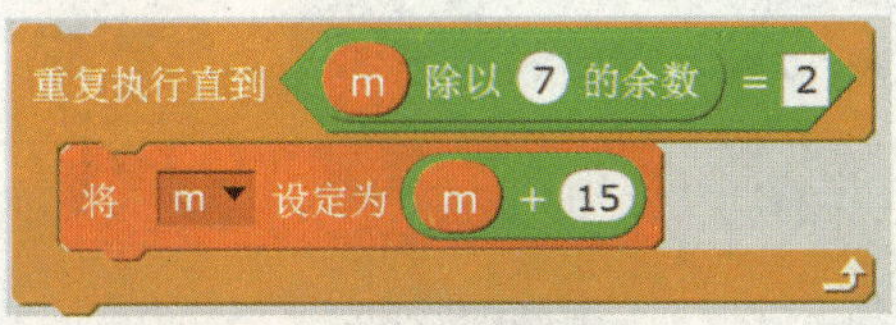

图9.4 第二个条件循环

9.1.5 说出结果

最终执行完之后就得出了一个符合条件的最小正整数，可以使用 说 m 模块说出来。

执行效果如图 9.5 所示。

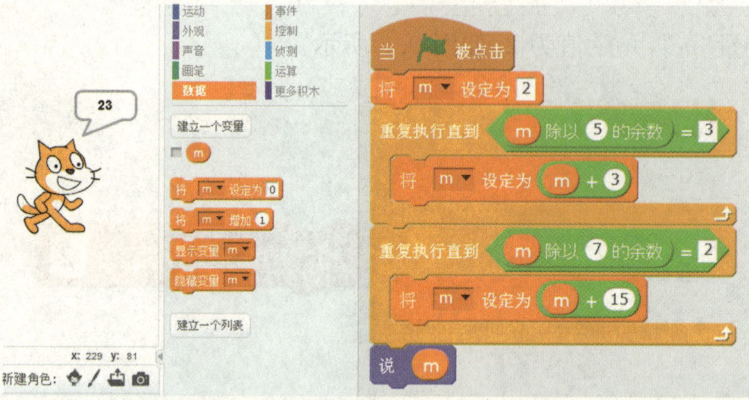

图 9.5　执行效果

具体到“韩信点兵”这个题目，韩信将 1500 名将士与楚王大将李锋交战，死伤四五百人，也就是剩余人数为 1000 人左右，假定剩余超过 1000 人，加入如图 9.6 所示的条件循环。

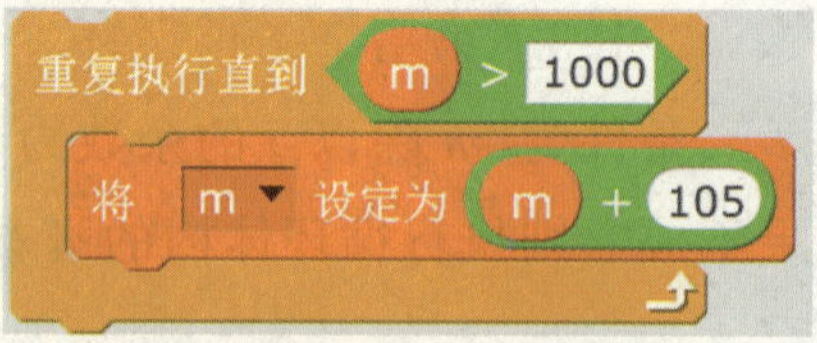

图 9.6　条件循环

想一想：这里为什么是加 105？

最终脚本及运行效果如图 9.7 所示。

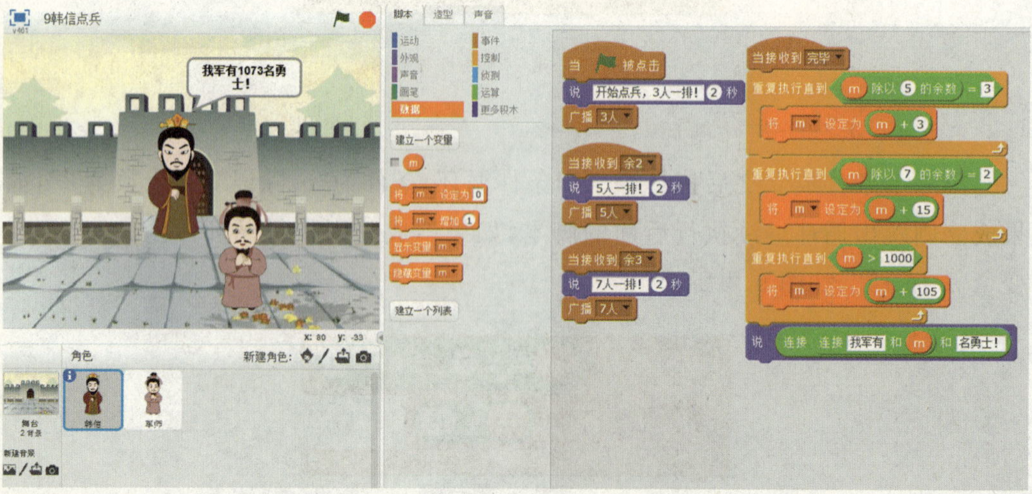

图 9.7　“韩信点兵”项目算法一

9.2 算法二设计(分支结构)

当除数分别是 3、5、7 时,用 70 乘以用 3 除的余数,用 21 乘以用 5 除的余数,用 15 乘以用 7 除的余数,然后把这 3 个乘积相加,加得的结果如果比 105 大,就除以 105,所得的余数就是满足题目要求的最小正整数解。

9.2.1 流程图

这个算法就比较简单了,记住口诀中的几个数字即可。本算法的流程图如图 9.8 所示。

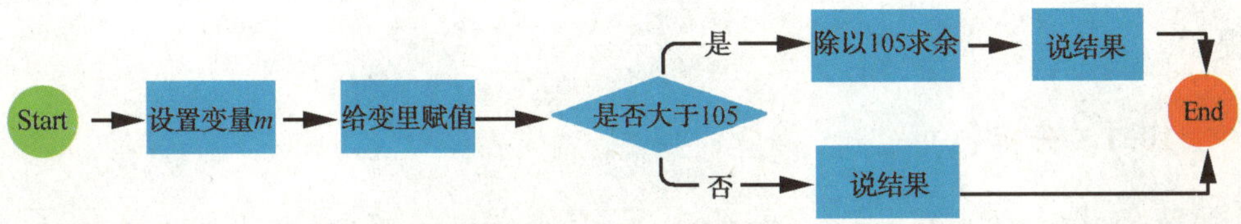

图 9.8 算法二流程图

9.2.2 设计脚本

该流程的脚本设计如图 9.9 所示。

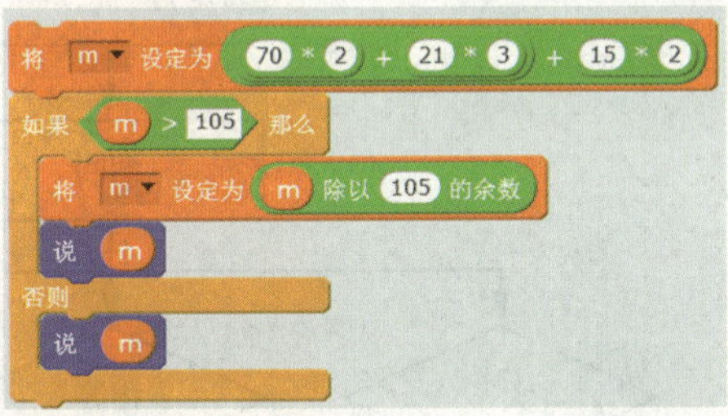

图 9.9 算法二脚本

当然,这个流程脚本只是针对口诀得出的满足题目要求的最小正整数解。其他脚本可以参考算法一。

9.2.3 穷举法脚本设计

作为程序设计最常用的编写方法——穷举法,其基本思想是根据题目的部分条件确定答案的大致范围,并在此范围内对所有可能的情况逐一验证,直到全部验证完毕。若某个情况验证符合题目的全部条件,则为本问题的一个解。穷举法也称为“枚举法”。

第 10 课　猜数字

本课学习要点

1. 掌握多个判断条件的用法。

2. 设计项目：猜数字。

老师想了一个 1～10 的整数，让同学们猜，大了、小了、对了都会给予相应的提示。

10.1　分析

在这个项目中有一个“老师”角色，我们需要给“老师”设置几个合适的造型，比如：开始猜数字、猜对了、猜错了（大了或小了），还需要建立一个变量存储随机数，最后就是进行 3 个判断了，流程图如图 10.1 所示。

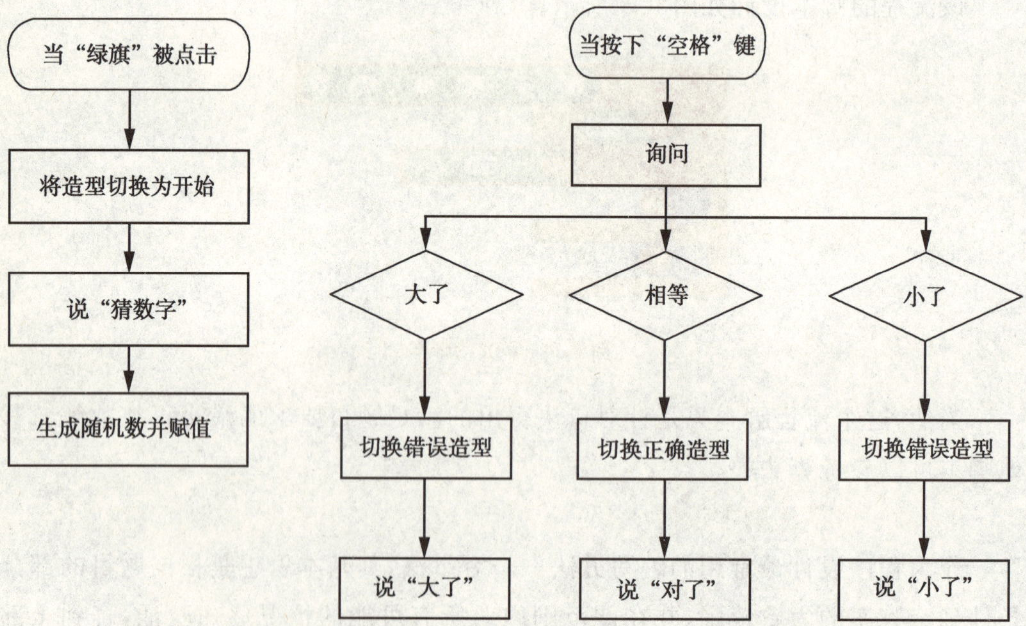

图 10.1　流程图

10.2 导入造型

在本项目中，“老师”角色有 3 个造型：开始、正确、错误。首先用“绘制新角色”新建一个角色，如图 10.2 所示；然后通过“从本地文件中上传造型”将准备好的造型图片上传，如图 10.3 所示；最后将空白的“造型 1”删除，如图 10.4 所示，只保留上传的 3 个造型即可，如图 10.5 所示。

图 10.2 新建角色

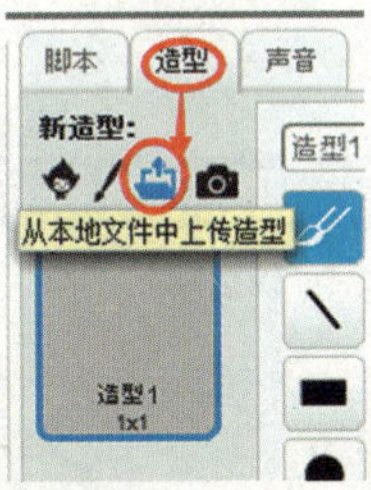

图 10.3 上传造型

图 10.4 删空造型

图 10.5 最终效果

其他角色和背景根据喜好自由设置即可。

10.3 设置事件和变量

从流程图中可以看出共有 2 个事件：当“绿旗”被点击、当按下“空格”键。

建立一个“答案”变量存储随机数，如图 10.6 所示。

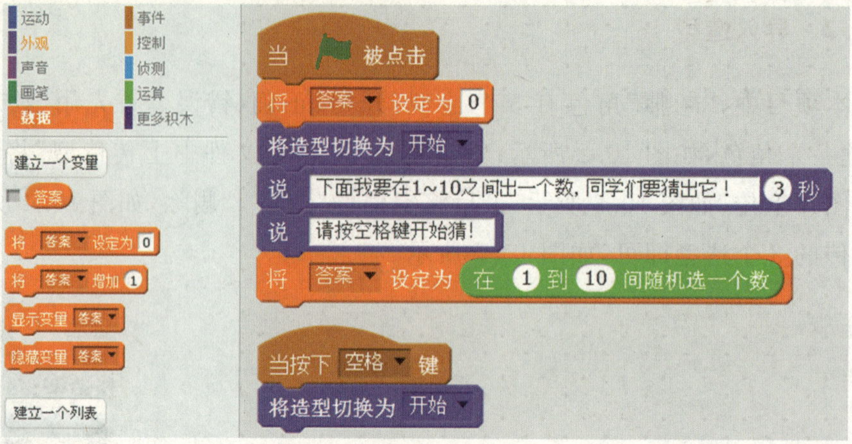

图 10.6　设置事件和随机数

10.4　设置条件脚本

10.4.1　大了

“大了”也就是我们的回答大于变量存储的答案，用“判断”模块设置如图10.7所示。

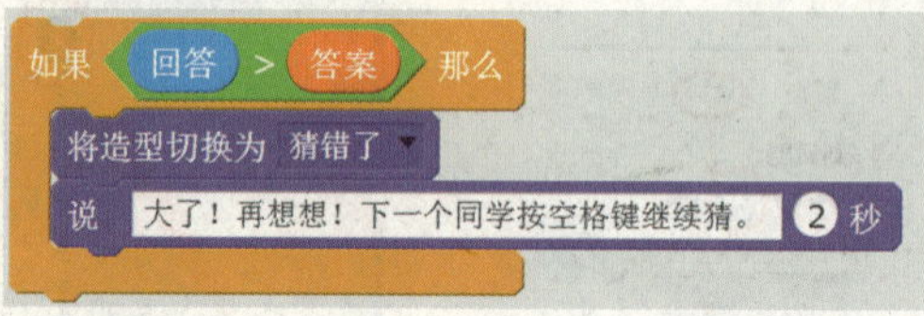

图 10.7　猜大了

10.4.2　小了

“小了”也就是我们的回答小于变量存储的答案，用“判断”模块设置如图10.8所示。

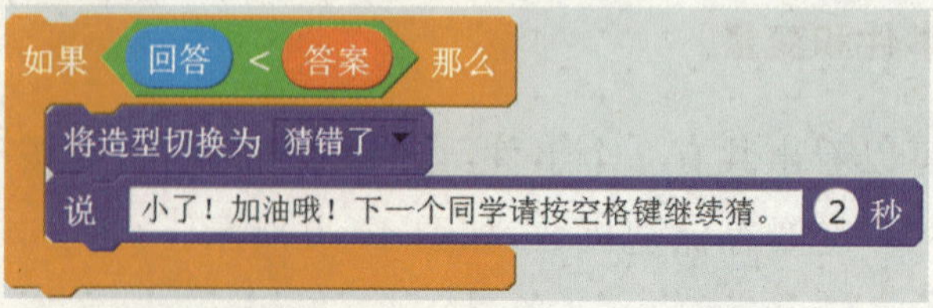

图 10.8　猜小了

10.4.3　对了

“对了”也就是我们的回答等于变量存储的答案，用“判断”模块设置如图10.9所示。

图10.9　猜对了

至此本项目设计完成，效果如图10.10所示。

图10.10　运行效果

10.5　项目优化

在运行中发现一个问题，即使回答正确了，再次按空格键的时候还是会继续询问。

将它修改为按空格键生成随机数，回答错误会一直询问，回答正确则停止询问。加入计时功能，若15秒后还回答错误，则提示超时并停止脚本。

优化后的“猜数字”如图10.11所示。

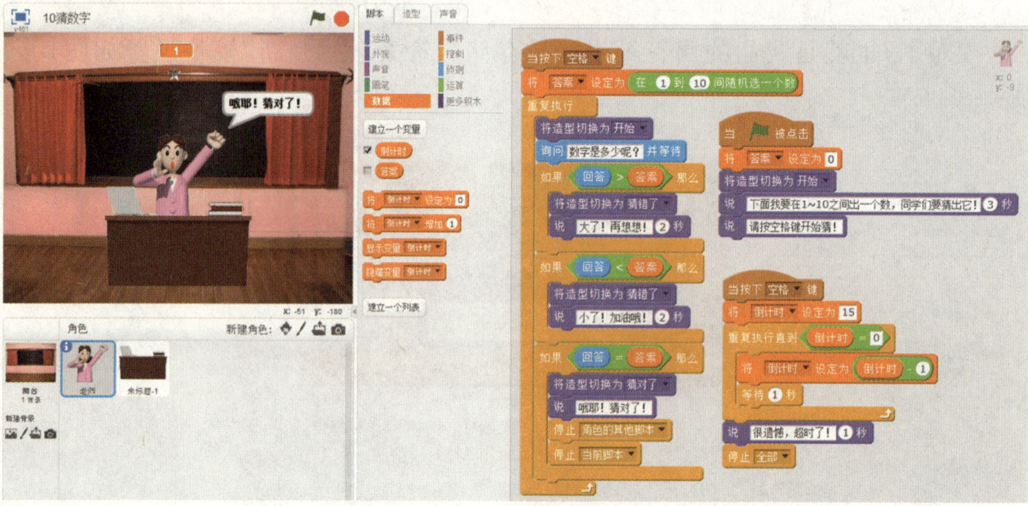

图 10.11 “猜数字”

第11课　走迷宫

本课学习要点

1. 掌握键盘控制事件的运用。
2. 制作新积木。
3. 判断条件“碰到‘颜色’”的用法。
4. 制作项目：走迷宫。

小瓢虫外出游玩迷路了，只有通过迷宫才能回到自己的家。

11.1　画迷宫，添角色

通过“绘制新背景”画一个迷宫，红色代表“家”，如图11.1所示。

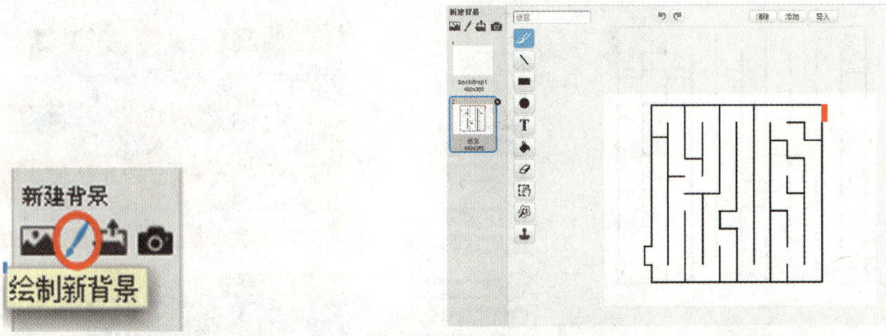

图11.1　画“迷宫”背景

注意：为防止角色通过迷宫外部到达终点，要画一个封闭式的迷宫地图，标注好起点和终点，终点要用不同于迷宫的颜色标识。

将默认的“小猫”角色删除，从角色库中找到瓢虫“Ladybug1”角色导入，并用工具缩小到合适的大小，使之能较轻松地在迷宫中通过，拖动到起点位置，使用“移到‘位置坐标’”和“面向‘角度’”模块设置好初始值。

11.2　用按键控制脚本

本项目用到“当按下‘上(下左右)移键’键”事件模块。

按下上移键，瓢虫转向上，移动3步，如果碰壁(碰到颜色“黑色”)则退回6

步，如果回家（碰到颜色“红色”）则提示“恭喜成功回家!”。其他方向键与此相似，各方向键的脚本如图 11.2 所示。

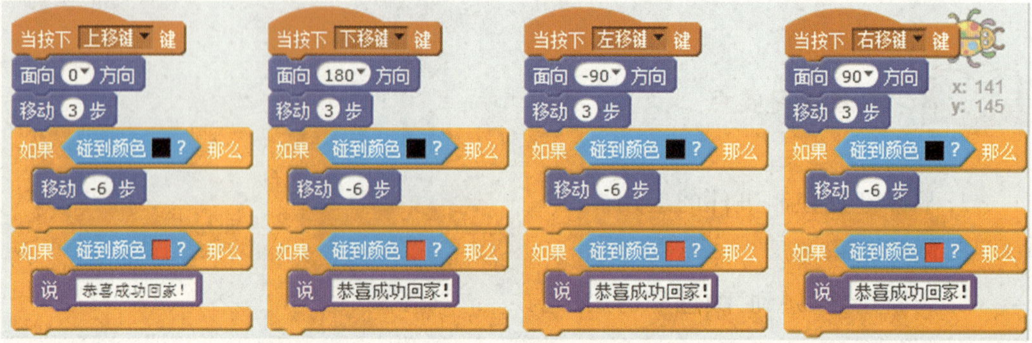

图 11.2 方向键脚本

添加“初始位置”模块后，本项目就设计完成了，最终的效果如图 11.3 所示。

本项目中的流程比较简单，请自行画出流程图和思维导图，为以后设计复杂程序脚本打好基础。

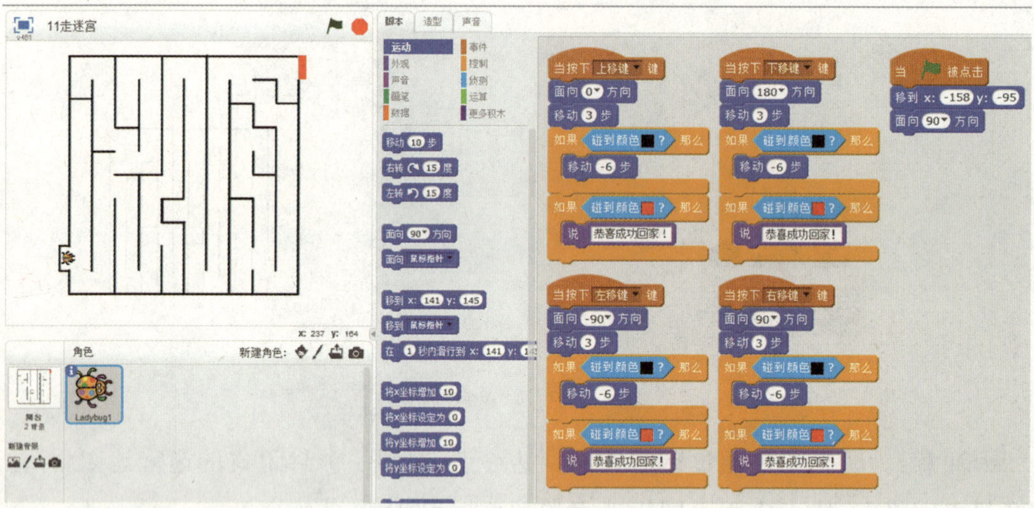

图 11.3 最终效果

11.3 “自定义”模块

我们观察项目脚本，可以发现 4 个按键中的脚本是相似的，除了面向的方向不同之外，其他模块都相同。可以将相同的“脚本”模块通过“制作新的积木”方式，新建一个模块“移动判断”，在脚本区就会出现一个“定义‘移动判断’”的“自定义”模块，如图 11.4 所示。将那些重复的模块放到这里就可以在积木区找到“移动判断”模块并使用了。修改后的效果如图 11.5 所示。

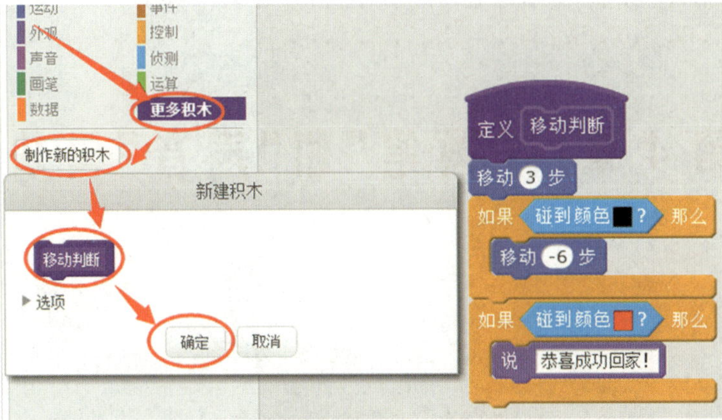

图 11.4　自定义“移动判断”模块

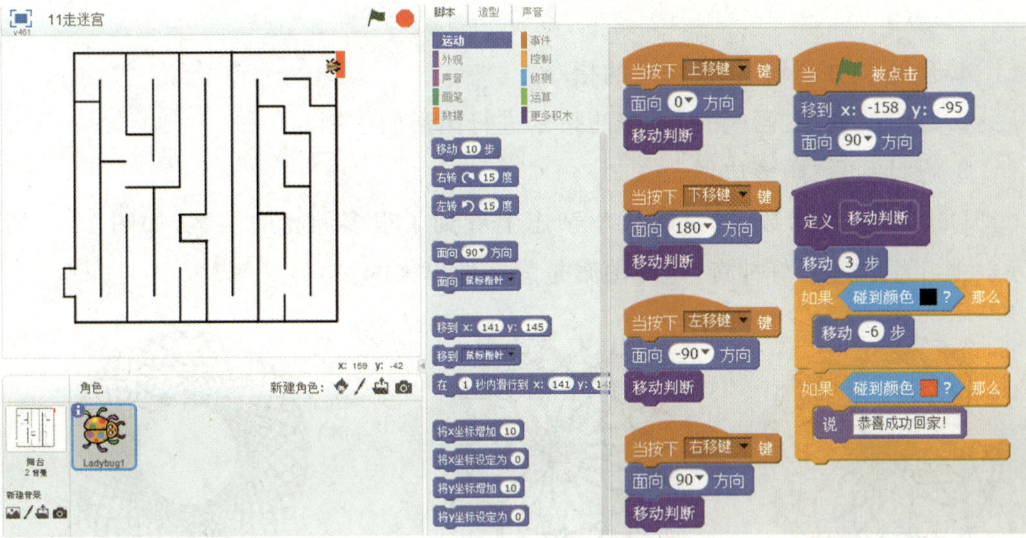

图 11.5　“走迷宫”

注意:“自定义”模块只适用于当前“制作新的积木”的角色,其他角色是不可使用的。

第 4 章 “画笔”和“声音”模块

第 12 课 画多边形

本课学习要点

1. 理解、掌握“画笔”模块中的指令。
2. 设计并使用“画笔”模块中的指令进行图形的绘制。
3. 设计项目:画多边形。

Devin 在《趣味数学》这本数学杂志上看到了很多漂亮的图案,如图 12.1 所示。他在想:“哇! 好神奇,这些图案是怎么做出来的?”

图 12.1 漂亮的图案

原来,运用从数学上学习到的图形以及角的知识就可以把这些图案做出来,太神奇了! 可是到底要怎样做呢? 本节课我们就先来学习使用 Scratch 画多边形,如图 12.2 所示。

图 12.2 画多边形

12.1 设置舞台和角色

选择一个合适的背景导入，然后将默认的“小猫”角色删除，再从角色库中导入一个“铅笔”的角色，并通过单击  将画笔缩小到合适大小，通过“造型”标签将“铅笔”角色的中心点设置到铅笔头的位置，最终效果如图 12.3 所示。

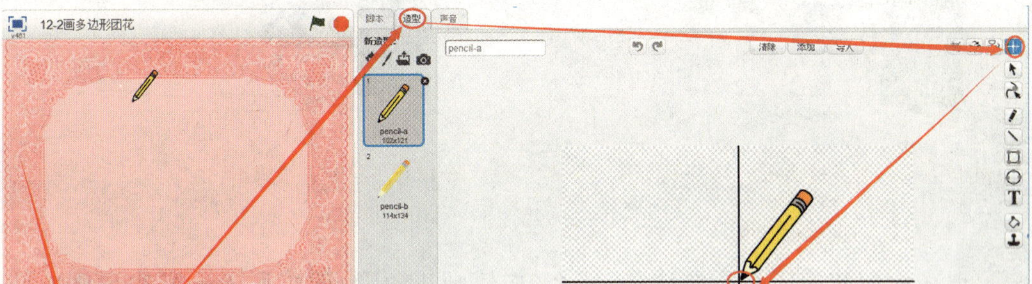

图 12.3 设置背景和角色以及角色中心点

12.2 编写脚本

12.2.1 绘制直线

事件仍然先使用“当‘绿旗’被点击”，然后拖入“画笔”类中的“落笔”模块和“运动”类中的“移动 10 步”模块，最后拖入“画笔”类中的“抬笔”模块停止绘制，如图 12.4 所示。单击“绿旗”测试一下吧！

咦，画出的线条太短了，应该怎样让线条长一些呢？试试把移动的步数设置成 100。移动的步数越多，画出的线条越长。

多次执行会发现一个问题，舞台上面的线条越来越多，而且每次开始画的位置都不固定，怎样擦除线条并固定位置呢？在“画笔”类中有一个“清空”模块，将它拖入并放在“当‘绿旗’被点击”的下面，然后拖入“运动”类中的“移到 x:0 y:0”模块（注意：“清空”模块一定要在“移到”指令后面），如图 12.5 所示，运行下看看效果吧！

图 12.4 绘制直线脚本（一）

图 12.5 绘制直线脚本（二）

12.2.2 画多边形

现在我们知道了怎样画线条，那么，如何画三角形、四边形……N 边形呢？我们先从画三角形开始学习。

在图 12.6 中，红色线条是已经画好的一条边，我们现在需要转动画笔来画蓝色三角形的第二条边、第三条边。因为任何正多边形的外角之和都是 360°，所以对于三角形，画笔在画第二条边时，需要向右旋转 360°/3，也就是 120°（想一想：为什么?）。拖入“运动”类中的“向右旋转 15 度”模块，并将度数改为 120，同样的，画第三条边时也需要向右旋转 120°，这个过程是可以重复执行的，所以我们拖入“控制”类中的“重复执行 10 次”模块，将重复执行的次数改为 3，如图 12.7 所示。单击“绿旗”测试一下吧！

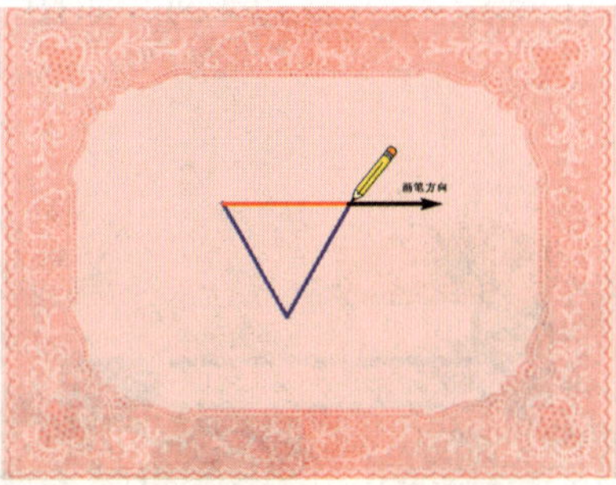

图 12.6 画三角形

12.7 画三角形脚本

现在，我们已经画了三角形，那么如何画 N 边形呢？单击“数据”类，然后单击“建立一个变量”按钮，新建一个名为“边长”的变量，把重复执行的次数修改为 5 次，然后将向右旋转的角度改为 360 / 边数 ，并且将“变量赋值”模块 将 边数 设定为 0 拖入脚本区，如图 12.8 所示。这样，画 N 边形就做好了，运行一下看看效果吧！

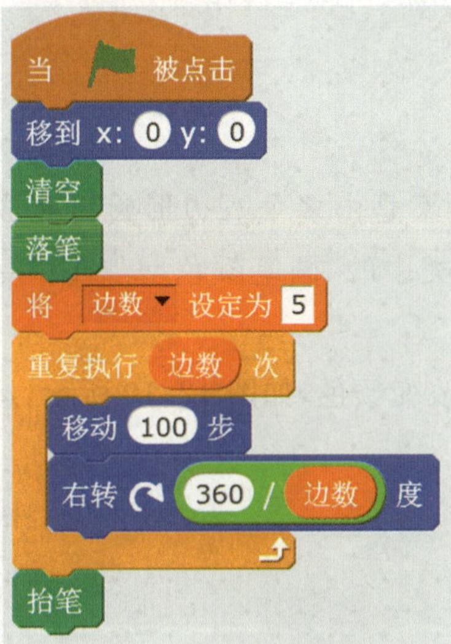

图 12.8 画五边形脚本

注意：画的边数越多，移动的步数要越小一些，否则画的图形会超出舞台的范围。

12.2.3 画任意多边形

如果加入“询问”模块，就可以画出输入了任意边数的多边形了，如图 12.9 所示。

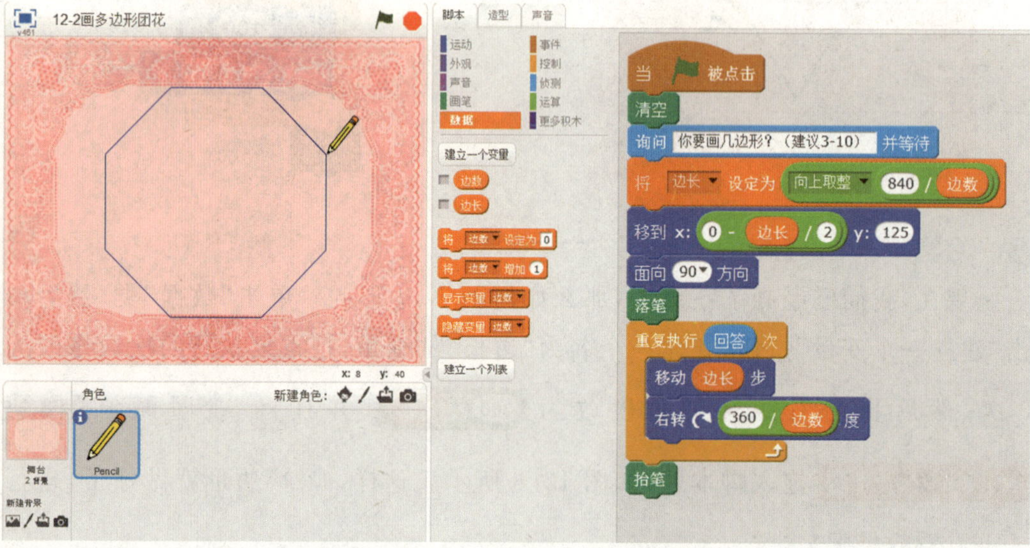

图 12.9 画任意多边形

12.3 试一试

图 12.1 中最左侧的图案是由多个八边形旋转而成的。在画的过程中，每画一条边就使用一次“画笔”类中的“画笔颜色增加 10”模块，便可以得到漂亮的图案了！

我们先让八边形各边改变颜色，如图 12.10 所示，运行之后会发现，八边形每一条边的颜色都不同了！

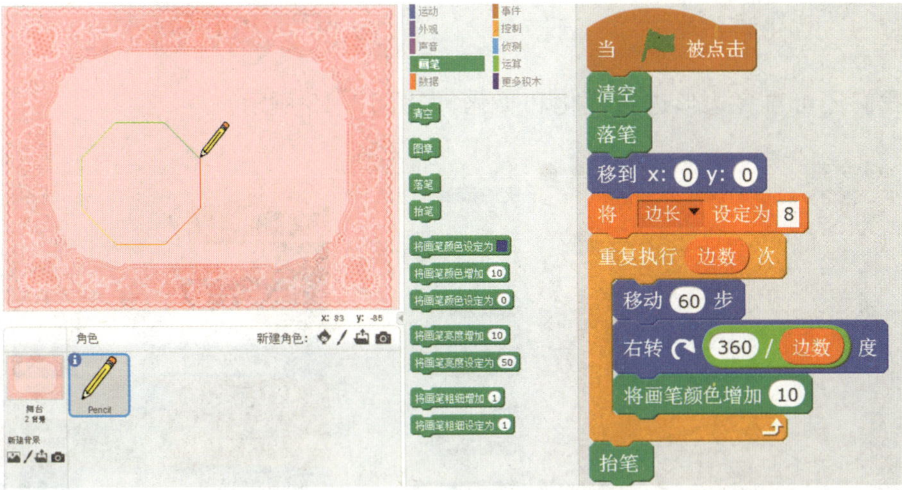

图 12.10　画八边形脚本(一)

那么,如何让画笔画出图 12.1 中最左侧的图案呢?之前说到,将多个八边形旋转即可得到,运行图 12.10 的脚本后可以发现,画笔在绘制完成后又回到了“0,0”点,所以,只要让画笔在画完第一个八边形后先旋转再接着绘制另外一个八边形,重复执行即可。旋转的角度为 360°除以需要绘制的八边形个数,比如需要绘制 20 个八边形,那么旋转的角度就是“360/20”度。那么,重复执行的次数是多少呢?当然是需要绘制的八边形个数。如图 12.11 所示,单击“绿旗”运行下,漂亮的图案就出来了!

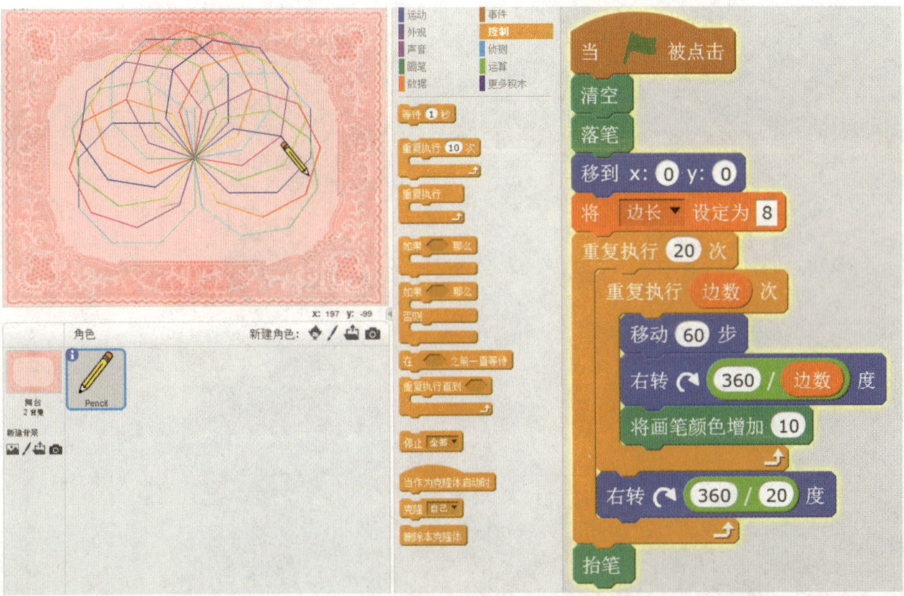

图 12.11　画八边形脚本(二)

12.4 优化和美化

我们还可对多边形进行优化和美化，如图 12.12 所示。

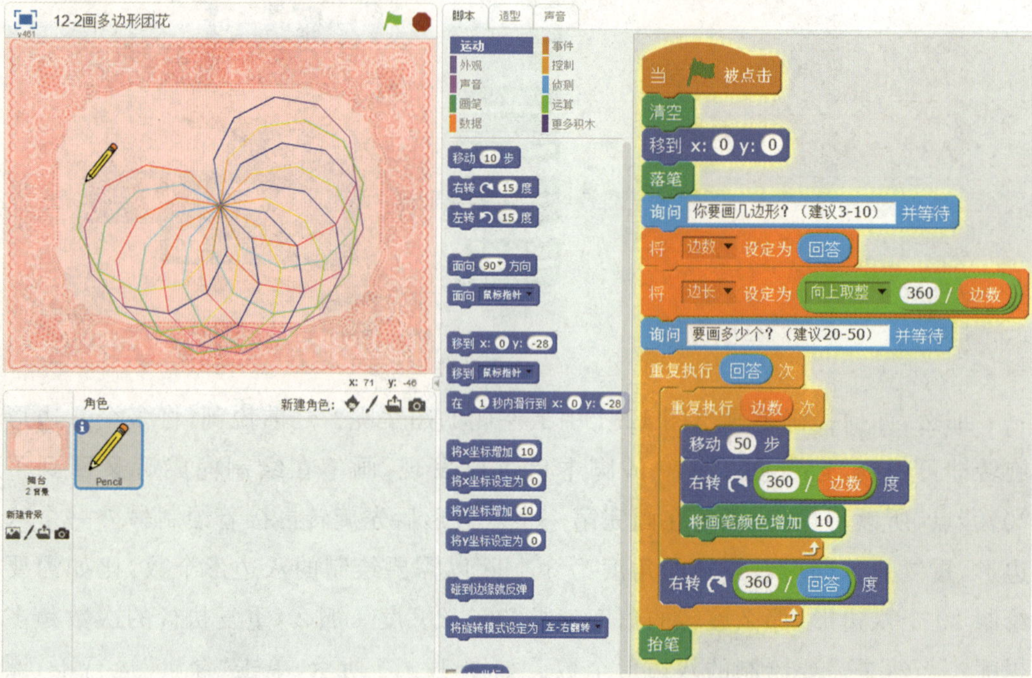

图 12.12　画任意多边形团花

第 13 课　漂亮的七彩团花

本课学习要点

1. 使用“画笔”类中的指令画圆弧。

2. 设计并分析给定图案绘制的思路与方法。

3. 设计项目:漂亮的七彩团花。

Devin 自从学会了画多边形,一直在想能否通过旋转圆弧,得到更多好看、神奇的图案。但是却被画圆弧给难住了,你知道怎样画圆弧吗?快来学习本节课吧,学完本节课,你不但能学会怎样画圆弧,还能做出漂亮的图案哦,如图 13.1 所示。

图 13.1　七彩团花

13.1　项目分析

从图 13.1 中可以看出,与上一节课的图案不同的是,本节课的七彩团花都是由圆弧绘制而成的。那么,如何绘制圆弧?

本节课中圆弧的绘制借鉴魏晋时期数学家刘徽首创的“割圆术”思想。我们绘制的圆弧是由无数极短的直线通过小角度地旋转形成的,图 13.2 展示了一条圆弧绘制的过程效果。

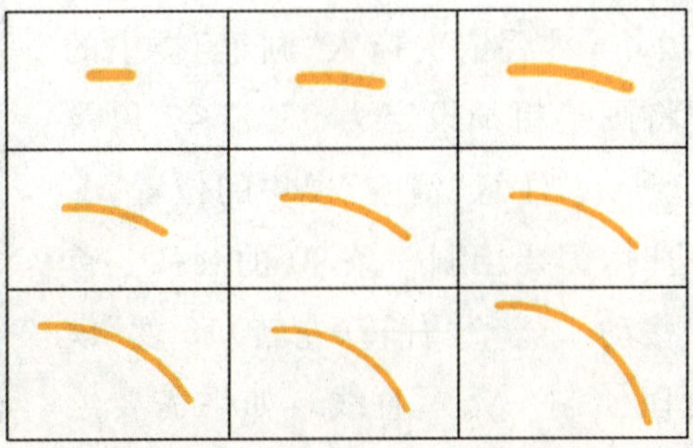

图 13.2　一条圆弧绘制的过程效果

如果想绘制图 13.1 中的七彩团花，我们只需要结合“动作”类中的“移动‘10’步”“右转‘15’度”“左转‘15’度”模块以及“画笔”类中的相关模块即可。

13.2 设置舞台和角色

选择一个合适的背景导入，或者直接用空白背景也可以。角色可以直接使用“小猫”角色，因为例子中的角色只负责绘图，所以可以直接将“小猫”隐藏起来，如图 13.3 所示。

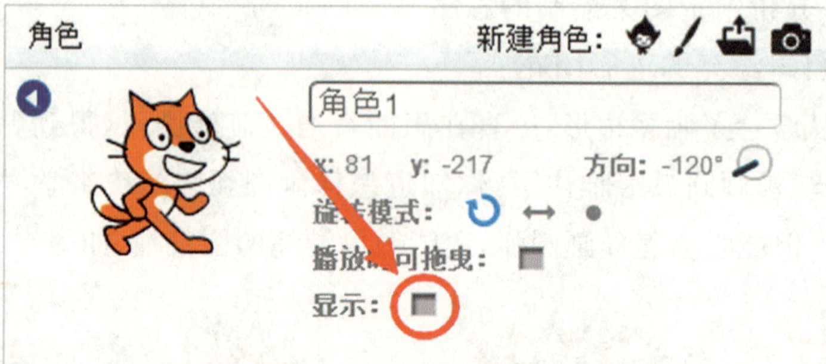

图 13.3 隐藏“小猫”角色

13.3 编写脚本

在本节课中，我们以三角花组成的七彩团花（图13.1中左数第二幅）为例进行脚本的编写，该图案是由如图 13.4 所示的单朵三角花通过旋转而成的。下面我们先来分析单朵三角花的绘制。

图 13.4 单朵三角花

13.3.1 绘制圆弧

首先进行初始化操作，事件仍然使用“当‘绿旗’被点击”，为了后续方便角度旋转的理解与计算，先设定角色初始面向的方向以及位置。拖入“动作”类中的“面向 90 方向”“移到 x:0 y:0”模块，然后依次拖入“画笔”类中的“将画笔颜色设定为”“将画笔粗细设定为 5”“清空”以及“落笔”模块，如图 13.5 所示，注意“清空”模块的位置。

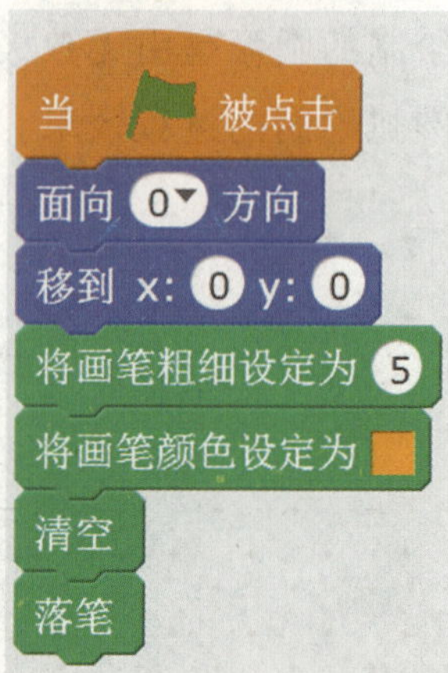

图 13.5 脚本（一）

开始绘制第一条边时，需要绘制一条 90°的圆弧。首先拖入“动作”类中的“移动 10 步”“右转（左转）15 度”模块，通过这 2 个模块可以绘制一条短直线。如果需要绘制 90°的圆弧，需要拖入“控制”类中的“重复执行 10 次”模块，如图 13.6 所示。

注意：重复执行的次数乘以向右转(左转)的度数要等于 90°。

13.3.2 绘制单朵三角花

在绘制第二条边时，仍然利用“任何正多边形的外角之和都是 360°”这一原理。通过上一节课的学习可知，绘制完三角形的第一条边时应该旋转 120°，但是在本例中，无论左转还是右转都无法绘制出三角花，下面对本例中的旋转角度进行分析。

如图 13.7 所示，灰色弧是绘制的第一条弧，此时角色面向的方向为向右(90°)方向，红色弧是需要绘制的第二条弧。图中起始方向为初始绘制时角色面向的向上(0°)方向，如果角色绘制直线，那么绘制第二条边时只需向左(向右)旋转 120°即可，但由于绘制圆弧，导致角色的当前方向已经变为向右(90°)方向，从图中可以看出，此时角色的左转角度更好计算，因此我们选择左转，其角度为 120°+90°，也就是 210°。当然，如果选择右转，其角度为 150°(360°减去左转角度)。和上一节课绘制三角形一样，该圆弧绘制的过程也是重复执行 3 次，然后拖入“画笔”类中的“将画笔颜色增加‘10’”来变换颜色，如图 13.8 所示。

图 13.6 脚本(二)

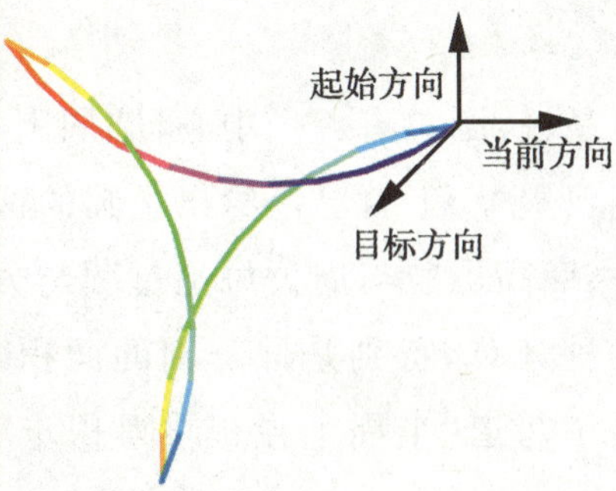

图 13.7 方向

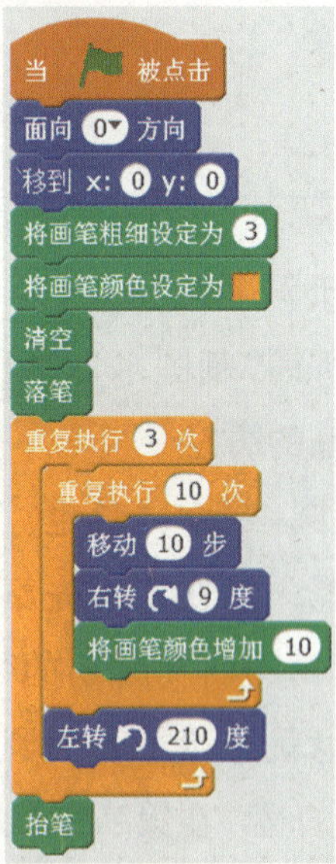

图 13.8 脚本(三)

13.3.3 绘制漂亮图案

绘制完单朵三角花后，通过旋转让角色不停地绘制剩余的三角花，每次绘制完一朵三角花后旋转 360°除以需要绘制的个数度即可，如图 13.9 所示。

小技巧：在测试运行的时候，选中“编辑”中的“加速模式”

，可以快速看到绘制结果！按下 Shift 键，单击舞台上的“绿旗”也可以。

图 13.9　脚本（四）

知识卡：

所谓“割圆术”，是用圆内接正多边形的面积去无限逼近圆面积并以此求取圆周率的方法。

“圆，一中同长也。”意思是说：圆只有一个中心，圆周上每一点到中心的距离都相等。早在我国先秦时期，《墨经》上就已经给出了圆的这个定义，而公元前 11 世纪，我国西周时期的数学家商高也曾与周公讨论过圆与方的关系。认识了圆，人们也就开始了有关圆的种种计算，特别是计算圆的面积。我国古代数学经典《九章算术》在第一章“方田”中写道“半周半径相乘得积步”，也就是我们现在所熟悉的公式。

为了证明这个公式，我国魏晋时期数学家刘徽于 263 年撰写了《九章算术注》，并在这一公式后面写了一篇 1800 余字的注记。这篇注记就是数学史上著名的“割圆术”。

脚本的最终效果如图 13.10 所示。

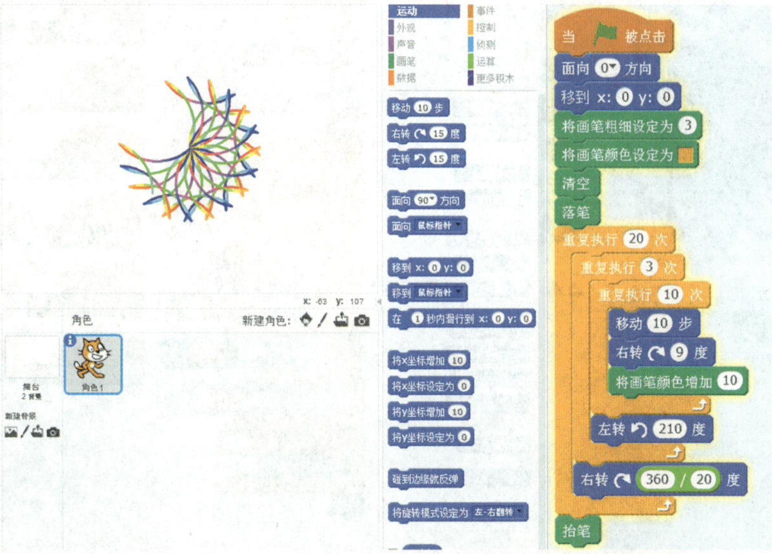

图 13.10 “七彩团花”项目

13.4 试一试

如果想绘制图 13.1 中的其他 3 幅图案，要怎样实现呢？自己动手试一试。图 13.11 和图 13.12 为示例。

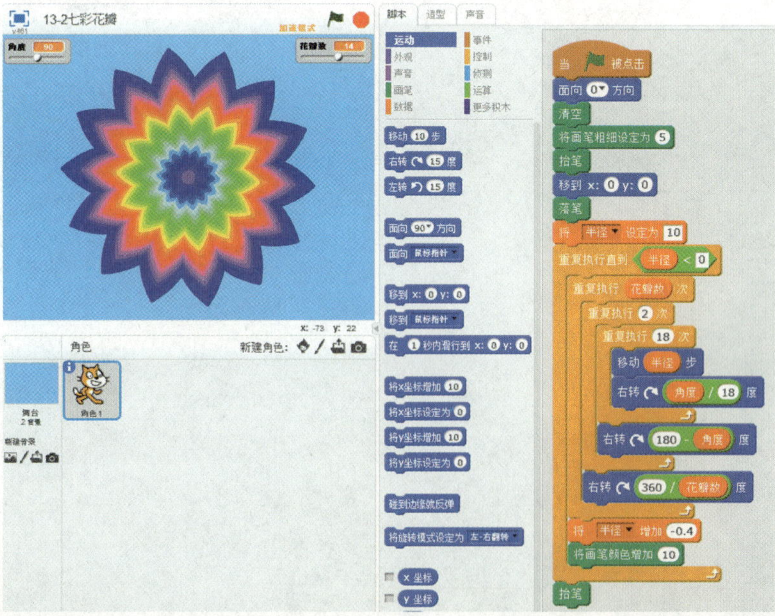

图 13.11 示例：七彩花瓣

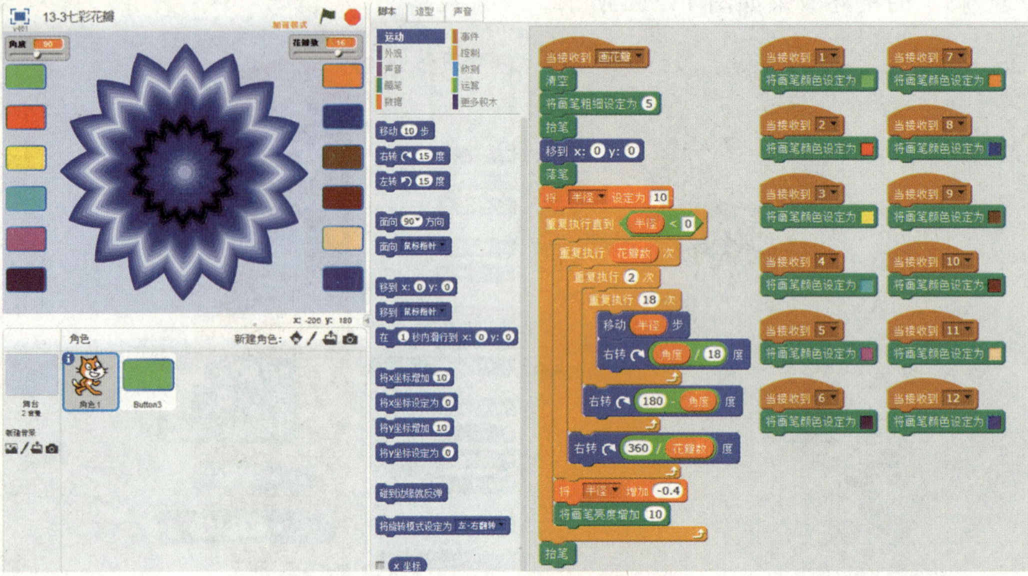

图 13.12　示例:调色花瓣

第14课　模拟钢琴

本课学习要点

1. 理解、掌握“声音”类中的模块。
2. 设计项目：模拟钢琴。

音乐课上，音乐老师正在弹钢琴，钢琴的声音真美妙啊！Devin 想，要是自己也有一架钢琴就好了！可是一架钢琴太贵了，如何才能弹到钢琴呢？太简单了！本节课我们就学习使用 Scratch 来制作模拟钢琴。

14.1　项目分析

本项目主要包含“舞台”和“钢琴键盘”2 个角色。当按下键盘上的 A、S、D、F、G、H、J 键时，它们会发出 do、re、mi、fa、sol、la、si 的声音。

思维导图如图 14.1 所示。

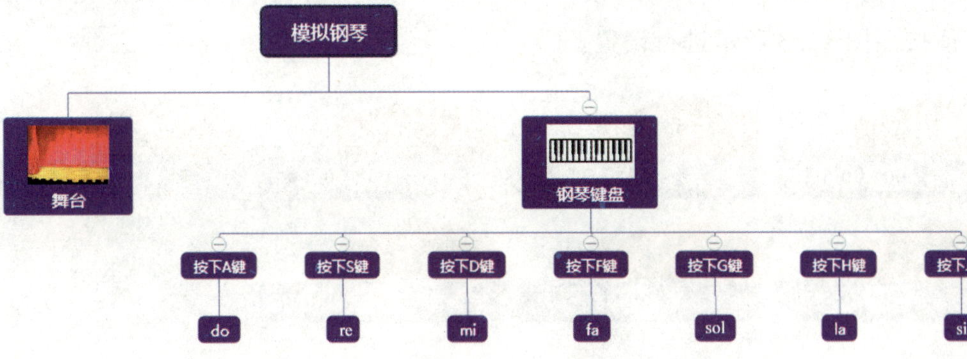

图 14.1　“模拟钢琴”思维导图

14.2　设置舞台和角色

从背景库中选择合适的背景导入，然后将默认的“小猫”角色删除，从本地文件或者是角色库中(Piano-Electric)选择钢琴键盘的角色，然后通过将角色放大或缩小到合适大小，并将角色名字改为“钢琴键盘”，如图 14.2 所示。

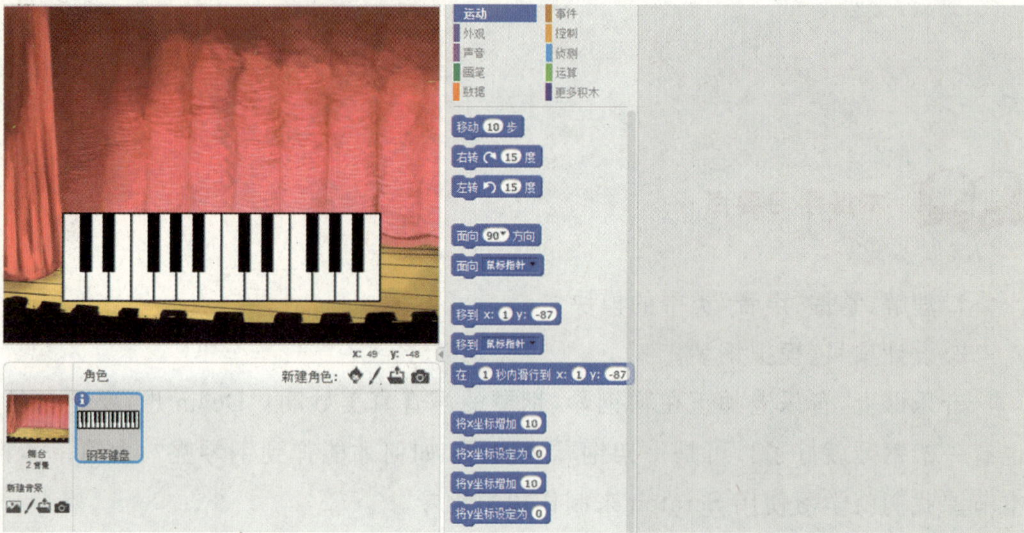

图 14.2　设置舞台和角色

14.3　编写脚本

本项目脚本的编写主要用到了“事件”类中的“当按下‘空格键’”模块和“声音”类中的“弹奏音符 60 0.5 拍”模块，将空格键改为 A、S、D、F、G、H、J 键，然后音符值按照图 14.3 所示进行设置。

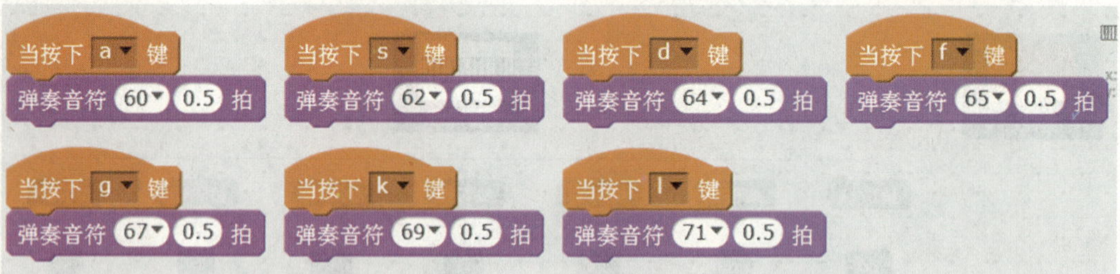

图 14.3　设置音符值

依次按下 A、S、D、F、G、H、J 键，是不是听到悦耳的钢琴声了？

14.4　试一试

想听听其他乐器的声音吗？拖入“事件”类中的“当‘绿旗’被点击”和“声音”类中的“演奏乐器设为 1”，然后将乐器的值设置为 1～21 中的任意数值，如图 14.4 所示，再次感受下音乐的魅力吧！

图 14.4　脚本

14.5 动物演奏家

根据自己的喜好，将钢琴美化一下。比如：将钢琴键盘换成各种各样的小动物图标，单击小动物即可发音，如图 14.5 所示。

图 14.5 “动物演奏家”

第 15 课　演奏乐谱

本课学习要点

1. 灵活使用“声音”类中的各模块。
2. 学会使用列表、变量简化代码。
3. 设计项目：演奏乐谱。

今天，Devin 去朋友 Paul 家玩，发现 Paul 家有一个能演奏很多音乐的音乐盒。Devin 想：能不能用 Scratch 做一个类似音乐盒功能的程序？答案是肯定的。本节课我们就来学习使用 Scratch 演奏乐谱《虫儿飞》。

15.1　项目分析

本项目中有“钢琴家”和“虫儿”2 个角色，“虫儿”角色可以根据实际需要进行添加。项目中的“钢琴家”负责乐谱的演奏并且随着音乐的播放切换造型，营造沉醉于音乐的情景中；“虫儿”随着音乐忽闪忽现，漫天飞舞。“钢琴家”弹奏的音乐的音符和节拍是用列表进行存储的，为了简化代码，我们设置变量来依次读取列表中的数值。

思维导图如图 15.1 所示。

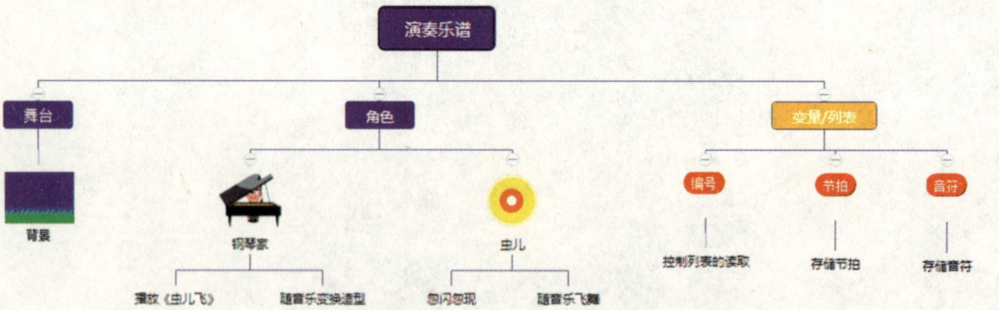

图 15.1　“演奏乐谱”思维导图

15.2　设置舞台和角色

从本地文件中选择一幅夜空的背景导入，然后将默认的“小猫”角色删除，从本地文件中分别导入“钢琴家”和“虫儿”2 个角色，注意“钢琴家”有 2 个造型，如图 15.2 所示。

图 15.2　设置舞台与角色

15.3　编写脚本

15.3.1　设置乐器模式

事件仍然使用“当‘绿旗’被点击”，然后拖入“声音”类中的“演奏乐器设为 1”。单击后面的小三角，会出现好多的乐器模式，这里我们使用“(1)钢琴”，如图 15.3 所示。

图 15.3　设置乐器模式

15.3.2　设置演奏速度

将“声音”类中的“将演奏速度设定为 60 bpm”拖放到脚本区，并将其中的数字改为 96，如图 15.4 所示。

图 15.4　设置演奏速度

设置好乐器和演奏速度之后，找到《虫儿飞》的简谱即可开始创作。

15.3.3　演奏乐曲

如图 15.5 所示，拖入“声音”类中的“弹奏音符 60　0.5 拍”模块，然后按照简谱进行音符和节拍的设置。

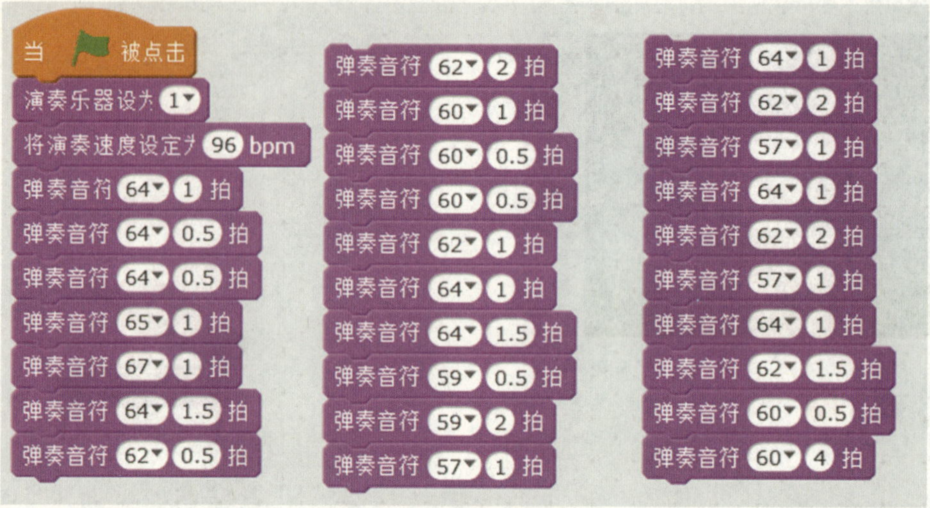

图 15.5　脚本

不知道音符对应的数字怎么办？单击一下弹奏音符数字后面的小三角，听听效果，然后选择对应的音符即可。设置完成后，单击“绿旗”听听效果吧，是不是很美妙？

可是，这代码模块也太多了吧，这要是编辑完一首乐曲得需要多少个模块啊，万一中间出现一点错误，查找起来也很麻烦，有没有简单的方法呢？

我们发现除了开始设定乐器和演奏速度之外，其他都是“弹奏音符 60 0.5 拍”的模块，能不能用“循环”模块呢？可是里面弹奏的音符和节拍怎样设置呢？

15.3.4　利用列表简化脚本

这里，我们就需要用到“数据”类中的“列表”和“变量”模块的功能了。

首先新建“音符”和“节拍”2 个列表，如图 15.6 所示。

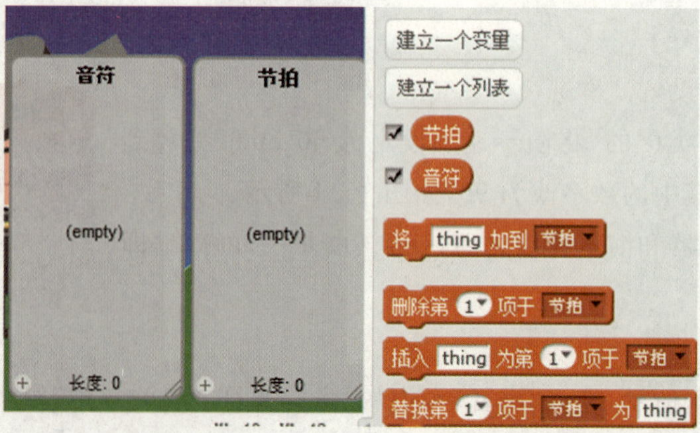

图 15.6　“音符”和“节拍”列表

然后分别输入对应的音符和节拍，也可以使用列表的导入文本功能将对应的音符和节拍分别导入。

输入完成后看一下 2 个列表下面的长度数字是不是一样的。如果不一样，就要检查一下哪里出错了。

注意：音符和节拍一定要一一对应，不然弹奏的时候会跑调哦。

然后我们就可以使用

来读取列表中的内容了。将“声音”类中的“弹奏音符 60 0.5 拍”模块中的音符和节拍分别用列表“音符”和“节拍”中的对应项替换一下（见图 15.7），就可以演奏音乐了。

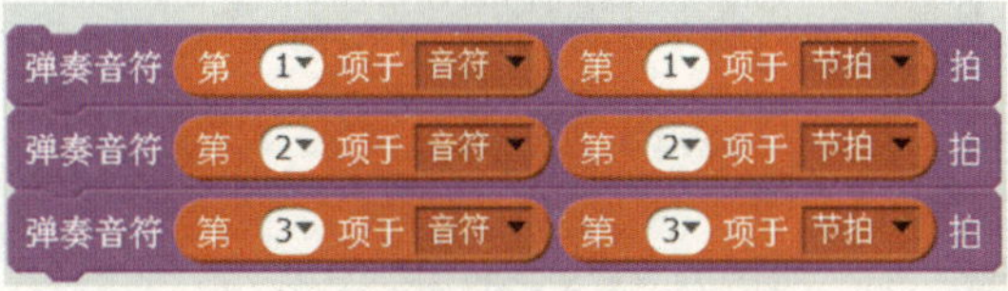

图 15.7 替换对应项

如图 15.7 所示，一一对应地读取“音符”和“节拍”列表中的内容后就可以演奏音乐了。可是，这样并没有简化代码啊，反而更烦琐了。我们发现，读取列表中的内容时，数字变化是有规律的，这时候就需要用到“变量”了。

15.3.5 增加变量，简化代码

单击“数据”类中的“新建一个变量”模块，新建变量并命名为“编号”。

然后拖入“控制”类中的“重复执行直到‘条件成立’”模块，如图 15.8 所示，这样就可以由编号来控制音符和节拍的读取了。

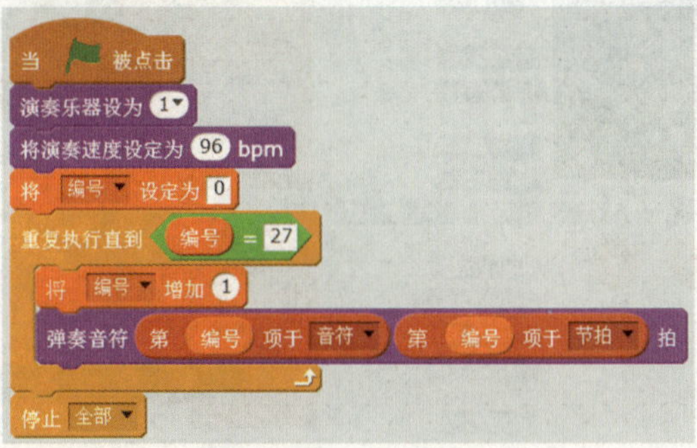

图 15.8 增加变量

音乐部分的脚本编写完了，音乐也很好听，可是总感觉缺点什么，原来是缺少观众！下面我们就让“虫儿”加入我们的演奏中。

15.3.6 “虫儿”脚本编写

为了营造“虫儿”随音乐起舞的情景，使用“外观”类中的“将虚像特效增加25”模块来设置“虫儿”忽闪忽现的效果；随后拖入“动作”类中的“在 1 秒内滑行到 x： y： ”，营造“虫儿”起舞的场景，如图 15.9 所示。如果觉得一只“虫儿”太孤单，可以多做几只“虫儿”。

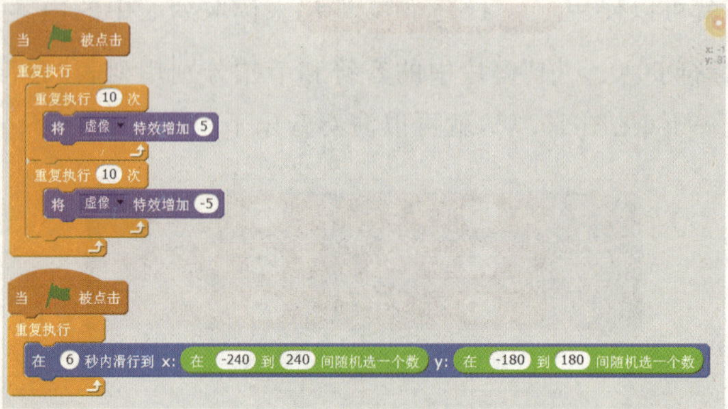

图 15.9 “虫儿”脚本

为“钢琴家”加入造型变换的效果，让其也沉醉于美妙的音乐中。脚本的最终效果如图 15.10 所示。

图 15.10 “虫儿飞”

15.4 试一试

将脚本中的 

改成 

，看一下效果有什么不同？思考一下为什么会出现不同。

尝试使用不同乐器播放《虫儿飞》，感受不同乐器带来的悦耳声音。

知识卡：

导入数据到列表：以音符导入为例，打开记事本，在记事本中输入音符，每个音符一行，保存为编码格式(UTF-8)的文本文件，如图 15.11 所示。

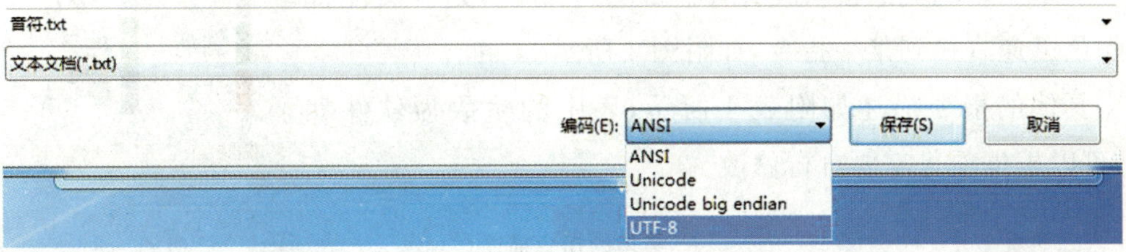

图 15.11 选择编码格式

然后右击“音符”列表的空白区域，在弹出的快捷菜单中选择“导入”

，再在弹出的对话框中选择刚才保存的文本文件，单击“确定”按钮。此时，“音符”列表中的“音符”就添加好了。

附录　Scratch 2 指令及功能详解

Scratch 2 的指令区“脚本”标签下共有十大类模块，分别是运动、外观、声音、画笔、数据、事件、控制、侦测、运算以及更多积木。不同类的模块使用不同的颜色标记，这样就能根据颜色迅速查找到某个指令，如附图 1 所示。

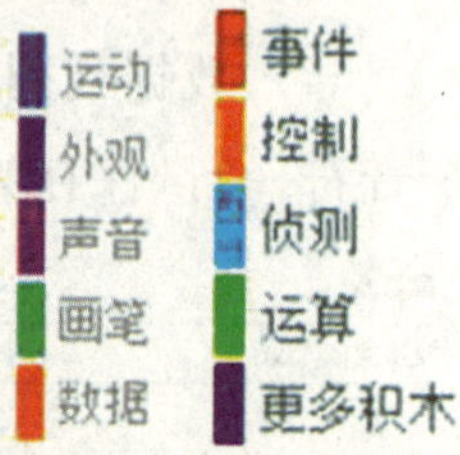

附图 1　十大类模块

具体的指令描述如附表 1 所示，表中的参数为软件默认，可以根据项目需要自行修改。

附表 1　　具体的指令描述

动作指令	功 能 描 述
移动 10 步	把角色向前或向后移动
向右旋转 ↻ 15 度	顺时针旋转角色
向左旋转 ↺ 15 度	逆时针旋转角色
面向 90▾ 方向	使角色面向特定的方向 （0＝上，90＝右，180＝下，－90＝左）
面向 ▾	使角色面向鼠标指针或者其他角色
移到 x: 0 y: 0	移动角色到舞台指定的位置
移到 鼠标指针▾	移动角色到鼠标指针或者其他角色的位置
在 1 秒内滑行到 x: 0 y: 0	在指定的时间，平滑地移动角色到指定的位置
将x坐标增加 10	将角色的 x 坐标增加指定的值
将x坐标设定为 0	将角色的 x 坐标设定为指定的值
将y坐标增加 10	将角色的 y 坐标增加指定的值

续表

动作指令	功 能 描 述
将y坐标设定为 0	将角色的 y 坐标设定为指定的值
碰到边缘就反弹	当角色碰到舞台边缘时，旋转到反方向
将旋转模式设定为 左-右翻转	将角色的旋转模式设定为指定的方式
x坐标	在舞台上显示角色的 x 坐标
y坐标	在舞台上显示角色的 y 坐标
方向	在舞台上显示角色的方向 (0=上，90=右，180=下，−90=左)
外观指令	**功 能 描 述**
说 Hello! 2 秒	在指定的时间显示角色的对话框
说 Hello!	显示角色的对话框
思考 Hmm... 2 秒	以指定的时间显示角色的思考泡泡
思考 Hmm...	显示角色的思考泡泡
显示	显示角色
隐藏	隐藏角色
将造型切换为 造型2	切换指定的造型以改变角色的外观
下一个造型	切换到造型列表中的下一个造型
将背景切换为 背景1	切换指定的背景以改变舞台的外观
将 颜色 特效增加 25	将一种特效增加指定的值
将 颜色 特效设定为 0	设置一种特效为一个指定的值(范围 0～100)
清除所有图形特效	清除角色的所有图形特效
将角色的大小增加 10	将角色的大小增加指定的值

续表

外观指令	功能描述
将角色的大小设定为 100	将角色的大小设定为指定的值
移至最上层	将当前对象图层移到最上层
下移 1 层	将当前对象图层下移指定层
造型 #	在舞台上显示造型的编号
背景名称	在舞台上显示背景名称
大小	在舞台上显示角色的大小与原始大小的比例
声音指令	**功能描述**
播放声音 喵	播放下拉列表中的一个声音，并且马上继续执行下一指令，声音同时播放
播放声音 喵 直到播放完毕	播放一个声音到播放完毕后，再执行下一指令
停止所有声音	停止所有正在播放的声音
弹奏鼓声 1 0.25 拍	以指定的节拍弹奏下拉列表中的乐器
停止 0.25 拍	停止指定的节拍
弹奏音符 60 0.5 拍	以指定的节拍播放下拉列表中的音符
设定乐器为 1	为弹奏音符指令设置乐器类型
将音量增加 -10	将角色的音量增加指定的数值
将音量设定为 100	将角色的音量设定为指定的数值
音量	在舞台上显示音量值（范围 0～100）
将节奏加快 20	将角色的节奏加快指定的节拍
将节奏设定为 60 bpm	将角色的节奏设定为每分钟指定的节拍
节奏	在舞台上显示角色的节拍

续表

画笔指令	功能描述
清空	清除舞台上的所有画笔和盖章
图章	将角色印在舞台上(复制)
落笔	落下角色的画笔,此后它移动时会绘制出图像
抬笔	抬起角色的画笔,此后它移动时不会绘制出图像
将画笔的颜色设定为 ■	通过颜色选择器来设置画笔的颜色
将画笔的颜色值增加 10	将画笔的颜色在原来的基础上增加指定的值
将画笔的颜色设定为 0	将画笔的颜色设定为指定的值
将画笔的色度增加 10	将画笔的色度增加指定的值
将画笔的色度设定为 50	将画笔的色度设定为指定的值
将画笔的大小增加 1	将画笔的大小增加指定的值
将画笔的大小设定为 1	将画笔的大小(笔触粗细)设定为指定的值
数据指令	**功能描述**
新建变量	允许新创建一个自命名的变量。当创建一个变量后,会增加显示 4 条相关指令,可选定变量为所有角色使用(全局),还是只被当前角色使用(局部)
变量1	在舞台上显示变量值
将 变量1 设定为 0	将指定变量设定为指定值
将变量 变量1 的值增加 1	将变量的值增加指定值
显示变量 变量1	显示变量
隐藏变量 变量1	隐藏变量
新建链表	创建一个新的链表。创建一个列表后,与列表相关的许多指令会显示出来。可以选择此列表是被所有角色使用(全局),还是只被当前角色使用(局部)

续表

数据指令	功能描述
☑ 链表1	在舞台上显示指定链表的值
将 thing 加到链表 链表1 ▾ 末尾	添加指定项到列表的尾部。添加的项可以是数字、字符串、其他字符
delete 1▾ of 链表1 ▾	删除列表中的一项。可以从下拉菜单中选择（或输入）要删除的项。选择“末尾”删除列表中的最后一项。选择“全部”删除链表中所有的项。删除一项后，列表大小会减 1
插入：thing 位置：1▾ 到链表：链表1 ▾	向指定的链表中插入指定的值。可以从下拉菜单中选择（或输入）插入的位置：选择 last，将数据插入列表的尾部；选择 any，将数据插入一个随机的位置。插入一项后，链表大小会加 1
替换位置：1▾ 链表：链表1 ▾ 内容：thing	将内容 thing替换链表中的“1”“尾末”“随机”某个内容
item 1▾ of 链表1 ▾	指定链表中的某个具体内容
链表 链表1 ▾ 的长度	返回指定链表内容的大小
链表1 ▾ 包含 thing ?	判断链表中是否包含 thing 内容
显示链表 链表1 ▾	在舞台区显示指定链表
隐藏链表 链表1 ▾	在舞台区隐藏指定链表
事件指令	**功能描述**
当 🏳 被点击	当绿旗被单击时，执行下面的指令块
当按下 空格键 ▾	当按下指定的按键时，执行下面的指令块
当角色被点击时	当角色被单击时，执行下面的指令块
当背景切换到 背景1 ▾	当背景切换到指定背景时，执行下面的指令块

续表

事件指令	功能描述
当 响度 > 10	当指定条件大于指定值时，执行下面的指令块
当接收到 消息1	当接收到指定消息条目时，执行下面的指令块
广播 消息1	广播指定消息给所有角色，然后执行后面的指令，不用等待指令触发
广播 消息1 并等待	广播指定消息给所有角色，触发某些其他指令，并等待指令完成后，再执行下面的指令块
控制指令	**功能描述**
等待 1 秒	等待指定的时间后，执行下面的指令块
重复执行 10 次	重复执行特定次指令内部的指令块
重复执行	重复执行指令内部的指令块
如果 那么	如果条件为真（成立），执行指令内部的指令块
如果 那么 否则	如果条件为真（成立），执行指令内部的指令块；如果条件为假（不成立），执行“否则”下面的指令块
在 之前一直等待	等待，在条件为真（成立）后，再继续执行后面的程序
重复执行直到	重复执行包含的指令直到条件为真后，才继续执行下面的指令块
停止 全部	停止程序
当作为克隆体启动时	当作为克隆体启动时，执行程序
克隆 自己	克隆（复制）一个指定的对象
删除本克隆体	删除自身克隆体

续表

侦测指令	功能描述
碰到 ▼ ?	如果当前角色碰到指定角色或边缘，则返回真
碰到颜色 ■ ?	如果当前角色碰到指定颜色，则返回真（单击颜色块，能选择选取颜色）
颜色 ■ 碰到 ■ ?	如果第一种颜色碰到第二种颜色，则返回真
到 ▼ 的距离	返回当前角色到指定对象的距离
询问 What's your name? 并等待	在舞台上显示问题并提示等待
回答	在舞台上显示从键盘输入的答案
按键 空格键 ▼ 是否按下?	如果按下指定的按键，则返回真
下移鼠标	如果按下鼠标左键，则返回真
鼠标的x坐标	返回鼠标指针的 x 坐标
鼠标的y坐标	返回鼠标指针的 y 坐标
响度	在舞台上显示响度值
视频侦测 动作 ▼ 在 角色 ▼ 上	侦测视频中的物体在角色上的值
将摄像头 开启 ▼	设置摄像头的状态
将视频透明度设置为 50 %	设置视频的透明度为指定值
计时器	在舞台上显示计时器
计时器归零	将计时器设置为 0
x坐标 ▼ of 角色1 ▼	返回指定对象的属性或者值
当前时间 分 ▼	在舞台上显示当前时间的指定值
2000年之后的天数	返回 2000 年之后的天数值
用户名	返回用户名值

续表

数字和逻辑运算指令	功能描述
( ) + ( )	2个数相加
( ) - ( )	第一个数减去第二个数
( ) * ( )	第一个数乘以第二个数
( ) / ( )	第一个数除以第二个数
在 (1) 到 (10) 间随机选一个数	产生一个指定数字范围内的随机数
[ ] < [ ]	如果第一个数小于第二个数，则返回真
[ ] = [ ]	如果2个数相等，则返回真
[ ] > [ ]	如果第一个数大于第二个数，则返回真
< > 且 < >	如果2个条件都为真，则返回真
< > 或 < >	如果2个条件中有1个为真，则返回真
< > 不成立	如果条件为假，则返回真
连接 hello world	连接2个字符串
第 (1) 个字符： world	返回字符串中的指定字符
world 的长度	返回字符串的长度
( ) 除以 ( ) 的余数	返回第一个数除以第二个数的余数
将 ( ) 四舍五入	将指定的数四舍五入取整
平方根 ▾ (9)	将指定的函数计算用于指定的值

图书在版编目(CIP)数据

Scratch 2 创新之旅.基础篇/李陆主编.—济南:山东大学出版社,2018.11(2019.7 重印)

ISBN 978-7-5607-6239-5

Ⅰ.①S… Ⅱ.①李… Ⅲ.①计算机课-小学-课外读物 Ⅳ.①G624.583

中国版本图书馆 CIP 数据核字(2018)第 283937 号

责任策划:马银川

责任编辑:李 港

封面设计:张 荔

出版发行:山东大学出版社

社 址 山东省济南市山大南路 20 号

邮 编 250100

电 话 市场部(0531)88363008

经 销:新华书店

印 刷:山东华鑫天成印刷有限公司

规 格:787 毫米×1092 毫米 1/16

6.25 印张 143 千字

版 次:2018 年 11 月第 1 版

印 次:2019 年 7 月第 2 次印刷

定 价:19.80 元